新疆大学政治与公共管理学院优秀学术著作出版基金资助

教育部人文社会科学研究青年基金项目研究成果（项目编号：17YJC850010）

新疆维吾尔自治区社会科学基金项目研究成果（项目编号：20BDJ006）

国家社会科学基金项目研究成果（项目编号：21VXJ027）

新疆大学国家安全研究省部共建协同创新中心研究成果

新疆大学中亚地缘政治研究中心研究成果

新疆教育扶贫实践与路径探究
（2015—2020）

唐先滨　著

中国商务出版社
CHINA COMMERCE AND TRADE PRESS

图书在版编目（CIP）数据

新疆教育扶贫实践与路径探究：2015—2020 / 唐先滨著. —北京：中国商务出版社，2022.5
ISBN 978-7-5103-4241-7

Ⅰ.①新… Ⅱ.①唐… Ⅲ.①民族地区—教育—扶贫—研究—新疆—2015—2020 Ⅳ.①G527.45

中国版本图书馆 CIP 数据核字（2022）第 063836 号

新疆教育扶贫实践与路径探究（2015—2020）

XINJIANG JIAOYU FUPIN SHIJIAN YU LUJING TANJIU（2015—2020）

唐先滨　著

出　　版：中国商务出版社
地　　址：北京市东城区安外东后巷 28 号　　邮　　编：100710
责任部门：商务事业部（010-64269744）
责任编辑：周水琴
直销客服：010-64269744
总 发 行：中国商务出版社发行部（010-64208388　64515150）
网购零售：中国商务出版社淘宝店（010-64286917）
网　　址：http://www.cctpress.com
网　　店：https://shop595663922.taobao.com
邮　　箱：bjys@ cctpress. com
排　　版：北京天逸合文化有限公司
印　　刷：北京建宏印刷有限公司
开　　本：700 毫米×1000 毫米　1/16
印　　张：13.75　　　　　　　　　　字　　数：207 千字
版　　次：2022 年 5 月第 1 版　　　　印　　次：2022 年 5 月第 1 次印刷
书　　号：ISBN 978-7-5103-4241-7
定　　价：58.00 元

前　言

党和国家历来高度重视扶贫工作，而教育扶贫在其中发挥着越来越重要的作用。自新中国成立以来，一系列教育扶贫政策的实施演进，不断推动着我国扶贫事业的发展。直到今天，虽然我们已经取得了丰硕的成果，打赢了脱贫攻坚战，向中国乃至世界交出了一份满意的答卷，但还没到可以松劲卸担的时候。在当下的乡村振兴战略中，教育工作仍承担着重大的使命，巩固已取得的成就、防止反弹，仍然是当前一项十分重要的工作。

习近平总书记指出："一切有价值、有意义的文艺创作和学术研究，都应该反映现实、观照现实，都应该有利于解决现实问题、回答现实课题。"① 笔者在新疆工作生活多年，深感新疆的教育资源相对滞后，也深知只有更高质量的教育才能为这片西域热土培养更多人才，孕育更多机会，使富民兴疆从理想变为现实。因此，笔者决定对新疆教育扶贫工作的开展情况进行深入的调查研究。促使笔者做这件事的原因有三：其一，在总结先前教育扶贫工作经验的基础上，增强教育工作的针对性和有效性，助力乡村教育振兴；其二，有助于推动新疆教育脱贫攻坚工作与乡村振兴战略顺利衔接，实现新疆社会稳定和长治久安；其三，贫困问题是世界问题，国内外专家学者对此都有过深入的研究。在他们研究成果的基础上，笔者的团队把落脚点放在新疆民族地区上，争取能为民族地区的教育扶贫研究尽一点微薄之力。

基于以上考虑，本书在研究方法上多管齐下：一是实证分析和规范分析相结合。新疆教育扶贫的现状主要以实证分析为主，在政策建议研究时，采用规范分析方法，试图使拟定的政策更具有针对性、可操作性。二是定性分析和定量分析相结合。定性分析主要侧重文献资料法、对比分析

---

① 马奔腾. 文章合为时而著，歌诗合为事而作 [EB/OL]. (2019-05-13) [2022-04-01]. https://epaper.gmw.cn/gmrb/html/2019-05/13/nw.D110000gmrb_ 20190513_ 1-02.htm.

方法。定量分析主要侧重深度访谈、统计分析、实地调查、图表分析、田野调查、问卷调查、跟踪调查等多种方式搜集相关的数据、信息。三是坚持宏观研究与微观研究相结合。宏观方面，从新疆全区的视角分析随着国家战略扶贫政策的实施，新疆推进教育扶贫的必要性；微观方面，以南疆三地州为微观个案进行重点剖析。

本书的内容主要包括十二章：

第一章绪论，主要为研究背景、文献综述、研究意义、理论基础、核心概念、研究目标及难点问题，阐述新疆民族地区推进教育扶贫的必要性。

第二章新疆教育发展的基本情况。教育是脱贫扶贫的根本之策，同时乡村振兴也要靠教育铸牢根基。

第三章新疆民族地区教育扶贫调查研究。2015年11月，在中央扶贫开发工作会议上，习近平总书记明确把"发展教育脱贫一批"放在"五个一批"精准脱贫工程的突出位置。自党的十八大以来，党中央把教育脱贫摆在脱贫攻坚的突出位置，并持续加大推进力度。习近平总书记在党的十九大报告中指出：提高保障和改善民生水平，加强和创新社会治理，要优化发展教育事业。围绕教育扶贫为中心，国家相继出台《关于实施教育扶贫工程的意见》《深度贫困地区教育脱贫攻坚实施方案（2018—2020年）》《教育脱贫攻坚"十三五"规划》《关于办好深度贫困地区职业教育助力脱贫攻坚的指导意见》等政策。教育扶贫的作用机制是指教育扶贫作为制度规范或措施以及相应的制度体系或结构对相关客体（贫困群体、贫困群体的思想观念、行为方式）产生的影响及影响程度，并随着时间的变化产生互动关系①。这种影响及影响程度受到教育扶贫的推进情况不同而呈现不同。教育精准扶贫作为教育改革和扶贫开发的最新机制，在提出后受到社会各界的广泛关注和高度认可。笔者通过对新疆南疆、北疆、东疆三个区域七个地州的823户农户和33位基层干部的问卷调查和实地访谈发现，新疆民族地区的教育扶贫已经取得一定成就，但依然存在教育扶贫政策内在

---

① 袁利平，姜嘉伟. 教育扶贫的作用机制与路径创新 [J]. 西北农林科技大学学报社会科学版，2020（2）：35-43.

结构失衡、教育扶贫专业人才短缺、职业技能不足等问题，需要围绕理论指导、重点革新、健全体系、优化结构、破除思想瓶颈、提高职业技能教育统筹力等方面，采取切实可行的措施。

第四章新疆民族地区的高校教育扶贫调查研究。本章研究了新时代新疆高校在教育扶贫方面所进行的实践与探索。高校承担着高等教育、科学研究、社会服务、文化传承的主要职责，教育扶贫理应成为高校参与社会服务的重要途径。新疆高校在教育扶贫方面所进行的实践与探索包括积极参与"访惠聚"驻村工作、开展"民族团结一家亲"活动、开展大学生社会实践、加大贫困生资助力度、积极落实"西部计划"和大学生村官政策、持续推进"三进两联一交友"活动等。

第五章新疆民族地区职业教育扶贫调查研究。本章从职业教育扶贫的相关理论出发，详细介绍了新疆职业教育的发展现状，找出新疆职业教育存在问题的原因，并从职业教育扶贫的视角，提出完善扶贫政策、加大职教资金投入、增强职教人才储备、创新职教办学模式、强化职业院校改革及设立专业化的职业培训等对策建议，从而提升新疆职业教育的扶贫水平。

第六章新疆民族地区社会组织教育扶贫调查研究。本章从政府管理制度、政社信息资源交流、基金组织教育资金筹措、帮扶方式及对象四个角度分析基金教育组织扶贫面临的问题，并提出了基金教育组织参与教育扶贫的对策建议。

第七章新疆民族地区"访惠聚"教育扶贫调查研究。笔者以"访惠聚"为切入点，通过搜集相关资料、实地调查、问卷调查、面对面访谈等方式，就"扶贫先扶智，扶贫必扶智"的重要论述，结合近年来新疆"访惠聚"驻村工作实际，从宣讲扶贫政策、双轨并行、语言教育、捐助平台、技能培训、后盾优势、督促检查七个方面总结教育扶贫经验做法，从理论宣讲不够深入、双轨运行不够平衡、技能培训效果欠佳、人才储备不足、规范管理机制有缺失五方面分析存在的问题，并提出对策建议。

第八章新疆民族地区对口援疆教育扶贫调查研究。本章研究了对口援疆工作对新疆民族地区教育发展的必要性，指出目前新疆民族地区对口支援教育扶贫主要有输血式、造血式、协同式、"互联网+"教育扶贫模式，并提出了相关对策建议。

第九章新疆民族地区内地民族班教育扶贫调查研究。本章分析了内地民族班教育扶贫的必要性、现状及存在的问题，并提出了相应的对策建议。

第十章南疆幼儿园支教教育扶贫调查研究。南疆幼儿园支教致力于改善南疆教育资源匮乏现状，培育当地师资力量环境，是实现新疆区域均衡发展和中华民族伟大复兴中国梦的必行之举。笔者着眼于南疆地区幼儿园支教工作，通过问卷法、访谈法和文献法，对南疆幼儿园支教的实际情况进行了调查，分析了其必要性、现状及存在的问题，提出了具体的对策建议。

第十一章新疆高校贫困生教育救助探析。高校贫困生教育救助问题是新时代高校教育扶贫的重要环节。笔者通过文献法、个案法、对比法对新疆高校贫困生教育救助情况进行研究。

第十二章南疆四地州的教育扶贫现状及优化策略研究。近年来，新疆南疆四地州在教育扶贫脱贫实践中取得了显著成效。具体举措包括：因地制宜地制定政策、加大政策倾斜力度、建立三个全覆盖全方位精准资助体系、建设就业能力导向型职业教育、做好教师队伍保障工作、利用对口支援推进南疆教育脱贫等。但目前仍面临自然客观条件差、教育资源不平衡、教师队伍素质不高、经费保障不足等方面的困难和挑战，需要从多方协同深层帮扶、资金保障、教师队伍激励机制、对口援疆、强化监督执纪等方面进一步完善措施。

本书在研究选题、逻辑思路、对策应用等方面有一定的创新性。第一，目前学界对于教育扶贫问题的研究偏重理论分析，实践层面的研究成果较少。第二，逻辑思路从应用研究层面考虑，紧紧围绕社会调查，从新疆民族地区教育扶贫取得的成就、现实困境、实现路径展开了研究。第三，本书运用了文献分析法、问卷调查法、访谈法，提出了可操作的对策建议。

由于本人的理论水平、对已有研究成果的理解、分析归纳材料的能力有限，本书还存在一些不足。欢迎诸位同仁和广大读者朋友批评指正！

唐先滨

2021 年 12 月

目 录

第一章　绪论 …………………………………………………… 001

一、研究背景 …………………………………………………… 003

二、文献综述 …………………………………………………… 007

三、研究意义 …………………………………………………… 010

四、理论基础 …………………………………………………… 011

五、核心概念 …………………………………………………… 013

六、研究目标与难点问题 ……………………………………… 016

七、研究方法 …………………………………………………… 017

第二章　新疆教育发展的基本情况 …………………………… 019

一、新疆普通高等学校基本情况 ……………………………… 020

二、新疆中等学校基本情况 …………………………………… 022

三、新疆普通中等专业学校基本情况 ………………………… 024

四、新疆普通中学基本情况 …………………………………… 026

五、新疆高中基本情况 ………………………………………… 028

六、新疆职业高中基本情况 …………………………………… 030

七、新疆技工学校基本情况 …………………………………… 030

八、新疆普通小学基本情况 …………………………………… 033

九、新疆特殊教育学校基本情况 ……………………………… 035

第三章　新疆民族地区教育扶贫调查研究 …………………… 037

一、引言 ………………………………………………………… 038

二、调查方法及样本分布 ……………………………………… 039

三、新疆民族地区教育扶贫取得的成就 ……………………… 041

四、新疆民族地区教育扶贫的现实困境 ……………………… 045

五、新疆民族地区教育扶贫的实现路径 ……………………… 050

第四章　新疆民族地区高校教育扶贫调查研究 ……………… 057

一、新疆高校教育扶贫的优势 ………………………………… 058

二、新疆高校教育扶贫的实践探索 …………………………… 059

第五章　新疆民族地区职业教育扶贫调查研究 ……………… 067

一、职业教育扶贫的理论基础与现实诉求 …………………… 068

二、新疆民族地区职业教育发展的现状 ……………………… 071

三、促进新疆民族地区职业教育扶贫的对策建议 …………… 072

第六章　新疆民族地区社会组织教育扶贫调查研究 ………… 077

一、引言 ………………………………………………………… 078

二、新疆民族地区的社会组织教育扶贫的现状 ……………… 079

三、新疆民族地区社会组织教育扶贫存在的问题 …………… 084

四、促进新疆民族地区社会组织教育扶贫的对策建议 ……… 087

第七章　新疆民族地区"访惠聚"教育扶贫调查研究 ………… 095

一、新疆民族地区"访惠聚"教育扶贫的经验做法 ………… 096

二、新疆民族地区"访惠聚"教育扶贫存在的问题 ………… 103

三、促进新疆民族地区"访惠聚"教育扶贫的对策建议 …… 106

第八章　新疆民族地区对口援疆教育扶贫调查研究 ………… 111

一、新疆民族地区对口援疆教育扶贫的必要性 ……………… 112

二、新疆民族地区对口援疆教育扶贫的模式 ………………… 113

三、促进新疆民族地区对口援疆教育扶贫的对策建议 ……… 118

第九章　新疆民族地区内地民族班教育扶贫调查研究 ……… 121

一、新疆民族地区内地民族班教育扶贫的必要性 …………… 122

二、新疆民族地区内地民族班教育扶贫的现状 …………………… 125

三、新疆民族地区内地民族班教育扶贫存在的问题 …………… 128

四、促进新疆民族地区内地民族班教育扶贫的对策建议 ……… 132

第十章 南疆幼儿园支教教育扶贫调查研究 ……………………… 135

一、南疆幼儿园支教教育扶贫的必要性 …………………………… 137

二、南疆幼儿园支教教育扶贫的现状 ……………………………… 138

三、南疆幼儿园支教教育扶贫存在的问题 ………………………… 142

四、促进南疆幼儿园支教教育扶贫的对策建议 ………………… 146

第十一章 新疆高校贫困生教育救助探析 ……………………… 151

一、文献综述 ………………………………………………………… 152

二、新疆高校贫困生教育救助的现状 ……………………………… 153

三、新疆高校贫困生教育救助存在的问题 ……………………… 156

四、完善新疆高校贫困生教育救助的对策建议 ………………… 158

第十二章 南疆四地州的教育扶贫现状及优化策略研究 ………… 165

一、南疆四地州教育扶贫的现实考量 ……………………………… 166

二、南疆四地州教育扶贫的现实困境 ……………………………… 170

三、南疆四地州教育扶贫的优化路径 ……………………………… 174

参考文献 ……………………………………………………………… 178

附 录 ………………………………………………………………… 185

后 记 ………………………………………………………………… 208

第一章

绪论

　　习近平总书记长期以来十分关注扶贫工作的开展情况，同时关注教育在扶贫工作中所发挥的效能。20 世纪 80 年代，在福建宁德工作时，习近平同志便发表了题为《摆脱贫困》的著作。书中提到，经济越落后的地方越应当重视教育水平的提高，教育发展越落后，经济发展水平就越低。2013 年年底，习近平总书记到河北阜平考察期间提到，要想改变贫穷的现状，先要改变人们的思想，应不断增强教育发展力度，让教育成为贫穷的清障车。让落后地区的孩子通过学习知识改变贫穷的命运，这才是扶贫工作最重要、最核心的举措。2015 年 9 月，习近平总书记接到参加北师大贵州教师研修班一名教师的书信，在回信中习近平总书记提到，扶贫的关键是改变人们的认知，让落后地区的孩子享受优良的教育。这不仅是扶贫工作的重点，也是从根本上改变贫穷状况的关键环节。2015 年 11 月，在中央扶贫开发工作会议上，习近平总书记提到，改变贫困代际传递的根本举措是教育。教育在贫困地区经济发展中起着十分重要的作用，为此必须注重贫困地区教育工作的开展。2015 年 11 月，中央政府吹响了扶贫攻坚的号角，决定用五年时间让七万多农村贫困人口脱离贫困，改变区域性贫困现状。作为脱贫重要举措的教育，担负着重要的使命。

　　由于新疆独特的地理生态条件、基础设施相对滞后、公共服务水平有待提高等原因，党与政府一直十分关注新疆的贫困问题。新疆贫困问题对新疆社会的稳定、我国小康社会建设目标的实现，甚至我国当前来之不易的稳定发展形势造成一定的影响。截至 2016 年 10 月，新疆的重点贫困县共计 35 个，贫困村共计 3029 个，贫困户共计 60 万户，贫困人口高达 261 万，[①] 从根本上保证这些人口脱离贫困对于新疆和我国其他地区一同完成全面小康社会建设的目标有着重要的意义。其中，占到八成以上的少数民族贫困人口是扶贫工作的重点。食物研究领域的学者樊胜根据 1970 年到 1997 年期间的省级数据，运用联立方程模型计算各类政府的投入成效，得出中国政府在教育投资方面取得的扶贫成效最显著，每增多一万元的教育投资，便能够帮助 9 名贫困人口脱离贫困，该扶贫成效高出科研投资扶贫

① 关俏俏. 新疆启动总投入逾 70 亿元的光伏扶贫工程 [EB/OL]. (2016-10-05) [2022-04-01]. http://www.gov.cn/xinwen/2016-10/05/content_ 5115320.htm.

成效的三成的结论。由此可知，增大教育扶持力度，对于新疆实现扶贫目标在理论和实践层面均有重大意义。

一、研究背景

（一）消除贫困是人类构建命运共同体的共同目标

在全球气候变暖、贫困、低碳发展等问题方面，没有哪个国家可以置身事外。纵观世界，贫困依旧是很多发展中国家需要解决的一个重要问题，同时还是社会不安定的一个主要因素。从根本上消除贫困，事关所有国家，也是整个人类的责任与目标。习近平总书记呼吁各国应团结起来，为建立没有贫困、共享发展、共享繁荣的人类命运共同体而努力奋斗。这里所提到的人类命运共同体绝非落后的、物质匮乏的共同体。我国是一个负责任的发展中国家，也一直在为贫困问题的消除而不懈奋斗。构建人类命运共同体，是我国为世界性贫困问题的消除提出的中国方案。我国的这一提议，对于世界贫困问题的解决有着重大的影响，同时也体现了我国和其他国家共享繁荣发展的宏伟胸襟。

（二）消除贫困是当代人类面对的共同难题

从古到今，消除贫困始终是人们所不懈努力的目标。当前，贫困依旧是影响全球各国，特别是发展中国家政治安定和经济稳定发展的一个重要因素。立足于世界角度而言，全球贫困的现状依旧不容乐观。

对于中国来说，扶贫已步入攻坚阶段，在全面建设小康社会目标即将实现的大背景下，农村贫困人口如何摆脱贫困依旧是一个大难题，怎样帮助三千万农村贫困人口脱贫应是我国政府当前要考虑的重要问题。立足于全球，脱贫依旧面临多重考验。

第一，贫困是人类共享繁荣发展的一大阻碍因素。习近平总书记指出："消除贫困，自古以来就是人类梦寐以求的理想，也是各国人民追求幸福生活的基本权利。"通过回顾人类发展历程可知，解决生存问题、享受安定社会是各个时代的人们所共同奋斗的目标，同时也是各国政府对社会进行治理的主要目标。政府应当将解决群众的贫困问题当作治理工作的一项重要任务。唯有消除了贫困，才能够实现社会稳定发展、群众才能安居乐业。若一个国家长时间存在贫困问题，那么必定无法实现社会的稳定，经济也必然无法快速发展。消除贫困关系到整个人类的生存与发展，也是各国人民的一致愿景，更是各国不懈努力的目标。

第二，贫困所产生的影响是世界性的。伴随当今时代全球一体化进程的逐渐加快，国与国之间的关系更为密切。一国或者一个地区的发展会惠及有关国家，同时，一国或者一个地区的动乱会影响到全球的安定发展。南半球国家和北半球国家经济发展水平差距的逐渐增大是当前全球贫困问题十分突出的特点之一。世界性的贫富差距增大致使经济领先国家占据重要的经济发展资源，而经济落后国家通常依赖经济领先国家，无法实现独立发展，从而呈现为经济领先国家愈来愈富有，经济落后国家愈来愈贫穷的状况。对于目前处于贫困线以下的很多家庭来说，有稳定的住所、充裕的食品、安稳的工作依旧是可望而不可及的事情。贫困是当前时代很多国家出现动乱的一个重要因素。国际恐怖主义之所以出现，一方面是一国政、经、文等领域存在的冲突长时间得不到解决；另一方面也和全球南北国家经济发展水平不均衡、居民收入差距较大有关。20世纪50年代之后，在全球范围内产生了多起恐怖主义事件，持续升级的矛盾冲突，不仅给危及所在国群众的生命与财产安全，还会阻碍经济的发展，导致更多的群众成为贫困人口。为此，消灭贫困是减小国与国之间经济发展的差距、降低社会动乱发生概率的有效途径。贫困不但会对某国或者某个地区产生影响，还会对整个世界产生不良影响，为此，消灭贫困是全球各国当前亟待解决的问题。

第三，消灭贫困离不开世界各国的共同努力。贫困不但属于经济领域，同时属于历史领域。一方面体现为物质的缺乏，另一方面体现了社会历史、政治等方面的发展状况。目前，贫困的成因是繁杂的，类别是多元的，要想解决该问题，难度很大，面临的阻碍很多，其需依赖所有国家的共同努力。对于这个全球性的问题，唯有所有国家联合起来，发挥集体智慧，集中各种资源，才能够取得实质性的胜利，才可以使全人类共同享受社会发展的成效。

（三）立足人类命运共同体建构，致力消除世界贫困

1. 深化人类命运共同体理念的认同，构建平衡普惠的发展模式

要想让世界范围的贫困全部消失，应当改变当前的发展思想与发展形

势，塑造共享发展、携手前进的发展思想，构建平衡普惠的发展形式。当前时代，是国与国依赖性逐渐增强的时代，使用之前的"优胜劣汰、你先进我落后"的发展形式是不科学的。损害的是本国发展的基础与整个人类社会的将来。我们应当坚定不移地相信"世界的长期发展不可能建立在一批国家越来越富裕而另一批国家却长期贫穷落后的基础之上。只有各国共同发展了，世界才能更好发展"。唯有发展，才能保障人民的基本权利、才能满足人民对美好生活的热切向往，才能消除冲突的根源。

在建立人类命运共同体的呼吁下，建立平衡普惠的发展方式，逐渐减小各国间的经济发展差距，使经济落后的国家拥有和经济领先国家相同的发展机遇，使全球发展更均衡，构建开放水平更高的经济体系，共同打造全人类共同发展的良好条件。我国是当前全球范围内规模最大的发展中国家。2013 年，国家主席习近平提出了"一带一路"发展倡议。所谓"一带"指的是"丝绸之路经济带"，"一路"指的是"21 世纪海上丝绸之路"。关于这个倡议的初衷，习近平主席表示："在'一带一路'建设国际合作框架内，各方秉持共商、共建、共享原则，携手应对世界经济面临的挑战，开创发展新机遇，谋求发展新动力，拓展发展新空间，实现优势互补、互利共赢，不断朝着人类命运共同体方向迈进。这是我提出这一倡议的初衷，也是希望通过这一倡议实现的最高目标。"该倡议依照共同商议、共同发展、共同建设的准则，以和平为基础，不断增强和沿线国家在政治、经济领域的合作，进行"一带一路"建设的初衷是增强南南合作、推动发展中国家发展、消灭贫困，是我国和全球各国携手前进的有效平台。我国所实施的"一带一路"倡议，旨在增强地区间的协作，帮助沿线国家提高经济发展水平，解决贫困问题。该倡议不但为我国减少贫困人口增添了活力，还为全球贫困问题的解决开辟了新的思路。

从某个层面而言，"一带一路"倡议是让全世界人民受益的消灭贫困的方略，是使世界最贫困地区逐渐富裕，造福于世界最贫穷人民的科学战略。另外，我国对经济落后的国家以及全球最贫穷地区施以援手，这些援助不带有任何政治条件，初衷是扶持经济落后的国家尤其是贫穷国家解决贫困问题，用自身经验与优势加快全球贫困消除进程。

2. 教育不公平是中国农民贫困的重要根源

2015 年，参加北京师范大学贵州研修班的教师给习近平总书记写了一封信。习近平总书记在回信中提到，使贫困地区的孩子享受高质量的教育，是扶贫开发的主要目标，同时也是改变贫困家庭"代代贫困"现状的有效举措。

一直以来，中国共产党都把教育扶贫当作改变贫困地区贫困面貌、帮助贫困人口脱贫的根本性举措。从党的十八大至今，无论是中央政府还是基层政府均在探究扶贫的举措、渠道，同时不断加大教育扶贫力度。十年树木，百年树人。为确保所有的儿童都享受到良好的教育，政府增大教育投入，构建了精准且完善的助学机制，提供了强有力的教育保障。从2013年到现在，中央政府制定了多项和学生资助有关的政策。无论是义务教育、高等教育、学前教育、职业教育等，都在国家助学体系的资助范围以内。

我国各省市都实施了教育扶贫优惠政策，不断加大义务教育平衡发展的力度，并对贫困户子女接受高中教育、大学教育提供相应的资金补贴。青海、广西等地区对于贫困户孩子实施自学前教育至高中教育十五年学费全部免除政策。海南省建立了针对登记在册的贫困户子女由幼儿园到大学的覆盖各个教育阶段的帮扶机制。甘肃省构建了包含贫困县、革命老区、藏区等内在的精准扶贫机制，确保贫困户子女都享受到良好的教育。

贫困地区的贫困代际传递的核心因素是人的素质不高，所掌握的文化知识不够。最有效的解决方法是发展教育，应当注重教育在扶贫工作中的作用，教育扶贫是最根本的提升发展推动力的关键措施，是发挥长效功能的举措。和其他可以让生活条件发生立竿见影变化的扶贫举措比较，教育效果的显现需很长的时间。为此，一些研究人员指出，立足于短期而言，教育扶贫成效不显著，然而却是改变贫困地区"代代贫困"状况的根本举措。若教育扶贫开展科学，尤其是和职业教育、技能教育协同开展，也能够在短期内取得一定的效果。教育扶贫是降低贫困发生率的重要方法，应不断增大教育扶贫力度，确保扶贫工作取得实质性进展。"扶智"指的是提升贫困地区人口的综合素质。这是一项长期工作，无法短期内取得显著效果。若为了应对上级的检查，走走形式，并不难，然而若取得实质性的成效，让贫困人口素质得到切实的提升，并不容易。唯有依托教育途径，改变贫困地区人口素质，脱贫目标才有望实现。应当由当前的"要我摆脱贫困"转变成"我要脱离贫困",提升贫困人口脱离贫困的主动性。而这种改变主要依托教育实现,为此教育扶贫应当有一系列的科学举措。

通过对南疆、湘西、四川大凉山、鄂西等地区进行的实际走访调查之后,全国人民代表大会常务委员会委员郑功成指出,虽然贫困地区也有一些孩子考取了比如北京大学、清华大学等重点院校,但是总体而言教育水平相差较大。在脱贫攻坚中,教育处于十分关键的位置,应当注重教育工作的开展。教育不单单是开发智力、提升技能水平,还可以改变贫困地区人们整体的精神风貌。

之前,教育扶贫工作将教室、宿舍等基础设施作为扶助重点,然而优秀教师匮乏、管理水平不高,很多学生选择到县城等优秀学校就读。教育扶贫应当在注重硬件设施改善的基础上,更加注重教学质量的提升,国家应当在经济落后地区构建远程教育体系,让贫困地区的儿童自小便可以接受高质量的教育。和工程扶贫、政策扶贫比较而言,教育扶贫解决的是贫困的根本性成因,是贫困人员脱离贫困的有效举措。科学调配教育资源,不断提升教学水平和学校管理能力。

二、文献综述

当前中外很多学者都针对教育扶贫进行过深入的探究,大致可分成以下几个层面:

第一,对于教育扶贫的理论研究

经济学视角:经济学者经过分析得出结论:经济发展水平的提升,收入的提升,贫困的消灭均和教育具有十分密切的关联,为此立足于经济学维度提出了教育的反贫困理念。立足于经济学视野审视教育扶贫理念,中外研究人员大多持两种观点:第一种观点是,资源的匮乏是导致贫困的重要因素,增大资源投入才可以从根源上消除贫困。美国经济学者纳尔逊出版了研究成果《不发达国家的一种低水平均衡陷阱理论》,经过对不发达国家人均可支配收入、人口数量增长情况、人均资本等进行深入探析,得出妨碍经济增长的关键因素是人口大量增长,指出经济不发达国家要想加快经济发展速度,就要增大投资力度,让资本增长幅度高于人口增多幅度的结论。第二种观点是,贫困的关键成因是人力资本的匮乏。比如 20 世纪

60 年代，学者舒尔茨提到了人力资本理论，指出自然资源和资本充足与否，并非决定经济发展的关键因素，人的素质才是根本因素。我国很多学者也指出人口素质不高是贫困问题的关键成因。

社会学视角：立足于该维度所提出的教育扶贫理论涉及制度、社会、个体等诸多要素。比如美国学者刘易斯指出贫困人口间的社交构成了相应的文化，也就是贫困文化，这种文化有相传性特点，进而致使人员长期处于贫困状态。我国研究人员李梦鸽、郑杭生等经过深入探究贫困代际传递的成因，指出改变贫困代际传递的根本性举措是教育。

教育学视角：立足于该视角所开展的研究大致包括以下两个层面：其一对教育自身扶贫的分析，提倡采用增大教育资源投入的方法提升教育平衡发展水平；其二依托教育对贫困人口脱贫进行探析，也就是教育扶贫是帮助贫困人口脱贫的举措之一。比如林乘东通过研究提出了教育扶贫论，也就是充分利用教育的反贫困功能，重视教育质量的提升，依托教育实现消灭贫困的目标。

第二，对于教育内涵与功能的研究

熊文渊（2014）等研究人员指出教育扶贫区别于其他扶贫措施，并非直接给贫困人员提供经济补贴，是采用发展贫困地区教育事业、提升贫困地区教育质量的方式，增强贫困人口脱离贫困的主动性，提升贫困人口素养，从而推动经济发展、文化发展、社会进步，以达成消灭贫困目标的一种扶贫举措。林乘东（1997）等研究人员经过深剖贫困产生机制，指出贫困会发生恶性循环，此种体制之所以出现，关键是因为贫困人口缺乏战胜贫困的信念，对有可能发生的变化持质疑态度，对自我的能力更是缺乏信心，同时脱贫的积极性不高。另外，因为贫困人口素质不高致使其缺少脱贫技能。贫困人口本身是消灭贫困的关键因素，教育扶贫举措是提升贫困人口素质的重要渠道，在国家扶贫目标实现、贫困发生率降低方面起着不可忽视的效能。

第三，对于教育扶贫模式的研究

我国目前大致有以下几种教育扶贫方式：

一是"清华模式"。该模式由学者焦义菊、何建宇、闫桂芝（2004）提出。所谓"清华模式"，指的是大学院校依托所享有的丰富的教育资源，依托互联网平台为贫困地区提供教育援助，设置培训网点，组织系统性的培训活动，以有效提升贫困地区教育质量与教育效果。

二是"集中连片贫困地区模式"。该模式由杨海萍（2017）提出。对于贫困地区比较集中的地方，要想依托教育扶贫实现脱贫，先要构建"主体协同"方式，也就是扶贫事业的所有主体构成一个整体体系，所有利益元素间互相协调，一同参与，所有主体皆不能缺少。另外明确扶贫客体，把并不充足的资源投入到最贫困的人身上，依据贫困地区的真实状况制定切实可行的、实效性突出的教育扶贫方案。

三是"9+2教育扶贫模式"。该模式由张明星、杨云、宋清华（2009）提出。这种模式指的是贫困地区的学生在接受了小学和初中教育之后，依据当地用人单位需求进入职业院校，继续学习职业技能，进而在提升贫困地区人员素质的同时提升就业率，让其获得稳定的工作岗位。

第四，对教育扶贫问题与策略的研究

熊文渊（2014）等研究人员认为，目前我国的教育扶贫还存在不足之处，以"三支一扶"、九年义务教育为重心，扶贫形式不够多样化，教育扶贫服务注重形式，未长时间持续，因此扶贫成效无法有效维持。

朱爱国（2016）通过研究指出，要达成教育扶贫的目标，就要注重职业教育开展，可采用的方法包括：逐渐变革招生模式，让贫困家庭子女能够顺利到职业学校学习职业技能；构建完善的资助机制，保证贫困家庭的子女不因为学费问题而失学；变革职业学校教学方式，增大应用型、实用型专业占比，保证贫困家庭子女从职业院校毕业后能顺利进入企业工作，培育科学的就业理念。

第五，有关社会工作参与反贫困领域的相关研究

向德平、高飞（2016），王思斌（2016）等指出，要达成我国政府所制定的脱贫目标，一定要根据贫困地区的实际特点，采用恰当的举措开展精准扶贫。根据社会工作在扶贫工作中的专业技术、专业价值等可知，社会工作和精准扶贫十分契合。

针对社会工作参与扶贫途径所开展的探究，学者徐向文、李迎生（2016）等指出，在精准扶贫中，社会工作处于辅助地位，当前在扶贫方案中已具有三种参与途径：第一种外展-介入型，第二种协作-互助型，第

三种委托-代理型。

顾东辉（2016）等指出，社会工作诞生于消灭贫困的实践，和我国当前所开展的精准扶贫十分契合，为此社会工作的实践经验对精准扶贫工作有启迪性作用，具体包含：精准甄别扶贫人员、引入多样化扶贫主体、构建扶贫主体共同协作模式、践行精准扶贫举措的同时，提升贫困人员脱贫积极性，提升社会和谐程度。

总而言之，教育扶贫尽管当前已有显著成效，中外很多学者也针对教育扶贫进行了较为深入、全面的研究，并产生了很多有一定价值的研究论著，然而针对新疆的教育扶贫研究的学者不多。

三、研究意义

自 20 世纪 80 年代以来，我国不断加大扶贫力度，取得了比较显著的成效，农村居民可支配收入不断增加，贫困人口逐渐减少，贫困发生率明显下降，为全球贫困消灭失业做出重大贡献。然而因为我国总人口多，不同地区经济发展水平不同，实现全国人民的整体脱贫依旧是我国当前要攻克的一个难题。贫困是诸多因素一同影响的结果，不但有经济发展能力低下、资源数量差别等方面的原因，人口素养也是不可忽视的一个重要因素。为此我国确定了教育扶贫的举措，相继发布了诸多政策文件以推动教育扶贫工作的开展。20 世纪 90 年代后期所出台的《中共中央国务院关于尽快解决农村贫困人口温饱问题的决定》提到，应将扶贫重点放在依托科学技术推动经济发展、教育提升农民素质上。实行教育扶贫，大力提升贫困人口自身素养。我国政府于 2014 年 1 月颁布《关于创新机制扎实推进农村扶贫开发工作的意见》，确定了扶贫工作的整体战略，指出要实行教育扶贫工程，将教育资源向贫困地区倾斜。2016 年在全国"两会"上，教育部长袁贵仁指出，教育能够起到改变贫困"代代相传"的作用，为此应当注重教育扶贫举措的实施，重视教育工作的开展。

教育扶贫是改变贫困地区贫困状况的关键措施。不但能够提升贫困人口脱贫的水平，还能改变贫困代际相传的状况，是贫困地区实现脱贫的理想措施。受国家政策、所在地区、历史等诸多要素的影响，国内区域经济发展水平间存在差距。新疆地区的贫困问题不仅会对当地经济发展与我国全面建成小康社会目标的达成产生不可忽视的影响，还会影响到我国当前来之不易的稳定形势。教育是人力资本增长的重要渠道，贫困地区经济发展对人力资本有大量诉求，这便要求增大贫困地区的教育发展力度。因为多种要素的影响，单单依托贫困地区本身来推动教育事业发展难以让人力资本满足经济建设需要。为此，应当将教育当作重要的扶贫举措，来提升教育成效、教育发展的均衡度，加快贫困地区教育发展的力度。

四、理论基础

（一）贫困研究的理论脉络

关于贫困的概念，可分别从微观与宏观层面进行界定。立足于微观层面，贫困指的是个体或者家庭的维持基本生活的需求无法被有效满足，或者仅可以得到极低程度的满足。立足于宏观层面，贫困指的是一国居民平均生活水平达不到世界范围内的最低生活水平，亦或高出最低生活标准很小的比例。换言之，微观层面的贫困指的是某个个体或者某个家庭处于贫困状态。宏观层面的贫困指的是某个国家或者地区处于贫困的状态。贫困的发展理论属于宏观领域，其站在社会经济发展时期的维度，将经济发展水平极高的发达国家作为参照，深剖发展中国家总体贫困亦或整个社会的贫困难题。

从实质上而言，贫困属于微观范畴。贫困是和不贫困相对而言的，其实是一定规模的社会群体生活质量互相比照的结果表述。此种比较唯有在相同的价值机制下才具有一定价值。初期该种比较仅是在较小范围内进行。伴随社会经济的发展，不同地区间的关联逐渐密切。该种比较的范围也持续扩展，然而此种范围的扩展，通常是在一个主权国家内部进行。这是由于国与国的政治制度、经济体系、社会发展程度、宗教信仰、发展历程等存在差异，为此每个国家都有和本国实际相对应的价值体系。立足于世界共同利益的维度审视、剖析不发达国家的贫困问题，仅是在"二战"之后，发展中国家逐渐成长为社会发展不可缺少的力量之后。拥有和发达国家相同的生存与发展权益后，不发达国家的贫困问题才得到世界方面的关注。在世界经济全球化进程不断加快的当今社会，落后国家的贫困问题不单单是不发达国家经济发展的阻碍，还是导致世界不安定的关键因素之一，同时对于经济领先国家的长期发展也有一定程度的影响。发展中国家的贫困是诸多元素一同作用的结果，大致可以把这些因素分成两类：一类是内部因素。立足于内因层面而言，贫困是发展中国家的政治制度、文化发展水平、自然环境等因素导致的。具体而言，内部因素包括资金缺乏、资源匮乏、科学技术滞后、自然环境恶劣、文化负担重、人口素质低下等。另一类是外部因素。立足于外因层面而言，不科学的国际经济秩序、政治体系是发展中国家存在贫困问题的关键因素。

（二）贫困治理的理论基础

第一，马克思恩格斯的反贫困理论

无产阶级的悲惨和资产阶级的奢华都深深刺痛着马克思，这种强烈的对比也使马克思充分认识到改变无产阶级生活的紧迫性和必然性。因此，马克思和恩格斯在深入了解无产阶级贫困生活产生的原因后提出了详尽的阶级方案，这也是我们解决当前我国所面临贫困问题的宝贵经验。

1. 贫困产生的根源在于制度

马克思通过深入无产阶级，清楚地认识到私有制是导致其贫困的根源。但是，马克思并不像前人那样，仅仅是找到问题，揭露资本主义的剥削性质层面上，而是进一步深入资本主义社会下的各种生产关系。马克思认为，"工人生产的财富越多，他的生产的影响和规模越大，他就越贫穷"[1]，随着资本主义的不断发展，"劳动过度和早死，沦为机器，沦为资本的奴隶"[2]。恩格斯针对贫困的英国无产阶级展开了详细的了解，并将其记录了下来，从而指出"资本主义"是造成无产阶级贫困的根本原因。

2. 贫困解决的主体在于无产阶级自身

"历史不过是追求着自己目的的人的活动而已"[3]，社会的进步和发展离不开人。资本主义社会是造成无产阶级贫困生活的根本原因，虽然现在无产阶级的状况有了一些改善，然而这并未从根本上改变资产阶级剥削的

---

[1]（德）马克思，恩格斯. 马克思恩格斯选集（第1卷）[M]. 北京：人民出版社，2012.

[2]（德）马克思，恩格斯. 马克思恩格斯文集（第1卷）[M]. 北京：人民出版社，2012.

[3] 胡锦涛. 胡锦涛文选（第3卷）[M]. 北京：人民出版社，2016.

本质。无产阶级必须团结一致，依靠自身的力量改变自己贫困的现状，而不能将希望寄于资本家做出的改变。

3. 贫困解决的动力在于生产力的发展

在马克思思想中，社会生产力是推动人类社会发展的重要力量，也能在一定程度上改善人们贫困的生活。社会生产力的发展会推动资本主义向社会主义的转变。社会生产力的进步是建立社会主义的必要条件，是无产阶级摆脱贫困的前提，并为人类生活的改善提供动力。

第二，中国共产党的反贫困思想

在中国共产党的领导下，我国人民摆脱了旧社会对穷苦大众的压迫，华夏儿女再次屹立世界东方，而社会主义社会则从根本上解决了大众的贫困问题。毛泽东同志对农村问题有着清醒而深刻的认识：人民是社会主义萌芽、发展和完善的根本，也是摆脱贫困的主要力量。因此他推行土改，从土地方面入手来解决贫困问题。邓小平同志在毛泽东思想的指导下，结合中国实际国情，明确社会主义不代表贫困，社会主义的最终目标是实现共同富裕。邓小平理论指出，发展社会生产力才是帮助人民摆脱贫困的动力，因此国家要重视经济发展，并大力改革，不要被制度掣肘。江泽民同志则提出"三个代表"重要思想，指出共产党要结合国际发展趋势，重视广大人民的根本利益，尤其要关注落后地区的脱贫工作，提升全社会的教育和文化水平。以胡锦涛同志为主要代表的中国共产党人将"以人为本"作为指导理念推动反贫困实践，以"两不愁三保障"为基本目标[①]推动扶贫事业发展。以习近平同志为代表的中国共产党人则继续保持我党初心，始终高举脱贫攻坚大旗，把"三农"问题作为我党工作的重中之重，带领全国人民走向共同富裕。

五、核心概念

从古至今，教育都是推动人类进步的重要方式，也是人类进步的阶梯。在当前国际形势下，科学技术不断发展，人类活动联系也日益紧密，知识经济悄然而至，教育的重要性进一步凸显。教育也成为国家综合实力

---

① 习近平. 摆脱贫困 [M]. 福建：福建人民出版社，2014.

的重要表现，义务教育与国家实力息息相关。如美国自"二战"结束后，即在国内推行十二年义务教育制度；而日本则更重视义务教育，不但实行免费教育，甚至教科书和学生午餐都是免费；韩国则将幼儿教育归为义务教育，其义务教育年限也从九年增至十年。我国东部沿海地区较为发达，教育水平也较为先进；而西部地区则因经济落后，资源匮乏，教师不足等原因，导致教育发展相对滞后。这种东西部之间的差距又会进一步限制西部地区的经济发展，从而造成恶性循环。舒尔茨认为："经济发展主要取决于人的质量，而不是自然资源的丰瘠或资本存量的多少。"① 专家通过研究发现，农民的文化程度与其贫困情况直接相关。若农民文化程度低，则其收入会明显降低，进而无法为后代提供更好的教育，从而陷入恶性循环，无法摆脱贫困。因此提高贫困人口的教育水平，才是走向共同富裕的关键。

（一）教育贫困

何为教育贫困？专家学者们展开了各类调研和研究，并从空间结构、内容和深层原因等几个领域进行了详细的阐述。第一，从内容上讲，教育贫困主要变现为知识、信息以及文化等方面的贫困。知识贫困即受教育程度低，无法长期接受良好的教育，导致文化水平不高，难以及时有效的学习和应用各类知识。信息贫困即未能及时使用现代技术，难以及时获取各类信息。而文化贫困则更多的是指一种理念。文化贫困存在于精神世界，看不见、摸不着。解决文化贫困就是要帮助大众走上扶贫之路，学习新文化和知识，掌握新技能，梳理科学的价值观，从而实现国富民强，共同富裕。② 第二，从空间结构来讲，教育贫困可划分为宏观、中观以及微观贫困。宏观教育贫困是指地区范围内教育贫困者所占比例，主要包括适龄儿童入学率、文盲率、接受教育时间长短等。中观教育贫困则聚焦学校层面，主要关心学校的教师水平、教学理念、学习环境、配套资源等。微观教育贫困则具体到家庭层面，关注教育支出所占家庭所有支出的比例，以

---

① Bjcm Gustafsson，魏众. 为什么中国农村人口贫富不同 [J]. 世界经济文汇（沪），2002（03）.

② 许小平，马和民. "贫困的教育"与"教育的贫困"——兼论教育改革的方向 [J]. 杭州师范学院学报，1996（05）.

此反映家长对教育的重视程度。① 第三，从深层原因来讲，教育贫困反映的根本原因是社会教育的失衡和不公。教育不公可分为教育机会、教育过程以及教育结果的不公平。主要包括地区之间投入的资源不公、各省高考录取比例不公、农村孩子无法享受城市优质教育资源、西部地区与东部地区师资力量的差异。城市和农村之间、东部和西部之间、不同收入人群之间等各种不公的因素，都会在一定程度上影响教育的公平性，而公平性缺失之后，必然导致教育贫困现象的出现。

（二）教育扶贫

一般而言，教育扶贫有两层含义：一层是指"扶教育之贫"，主要指家庭因子女教育花费大量资金而走向贫困，这种情况我们可以通过给予经济上的补助，帮助他们摆脱贫困；另一层含义是指"依托教育扶贫"，这需要各级政府部门以及社会各界的广泛参与，以教育为桥梁，帮助生活在贫困中的人们掌握谋生技能，从而能够依靠自己一步步走出贫困。

1. 扶教育之贫

扶教育之贫，即要求我们不能仅关注经济发展问题，也要关系教育问题，想方设法提升教育贫困地区的教育水平，加快教育发展。为了实现这一目标，我们要加大贫困地区的教育资金投入，同时要出台切实可行的政策，协助贫困地区摆脱教育贫困。由此可见，教育扶贫并不是一件简单的任务，它需要多个部门通力合作，资金和政策等多个手段配合使用，改善贫困地区人民的教育环境，从而提升他们的教育水平。教育扶贫涵盖的范围也很广泛，既包括学前教育、义务教育、大学教育等，又包括成人教育、岗位培训和成人教育等。

2. 依托教育扶贫

依托教育扶贫，即将教育视作打赢扶贫工作攻坚战的重要武器。扶贫是为了让贫困人口掌握工作技能，这必然需要借助教育来达成。为贫困人口提供教育机会，使其能够学习技能、开阔眼界并打开自己的格局，方可一步步走出贫困。1992 年，习近平就在《摆脱贫困》一书中提出"地方

---

① 徐肇俊，李正元. 教育贫困概念辨析 [J]. 辽宁教育研究，2006（06）.

贫困，观念不能'贫困'"① "扶贫先要扶志，要从思想上淡化'贫困意识'"② 等观点。贫困既包括经济上的贫困，也包括思想上的贫困。十八大后，中国共产党多次提到"扶贫要同扶智、扶志结合起来"，要注重教育扶贫。③

六、研究目标与难点问题

（一）研究目标

随着我国精准扶贫战略的逐步推进，教育扶贫的重要性更加凸显。"扶贫先扶智"决定了教育扶贫的基础性地位。由于新疆特殊的区情，国家专门制定多项教育支援政策支持新疆多民族地区教育发展。通过对新疆多民族地区教育扶贫进行深入的调查研究，笔者掌握了新疆民族地区的真实贫困状况，总结新疆主要开展的教育扶贫形式，并对新疆开展的教育扶贫形式进行深入的调查，梳理新疆多民族地区教育扶贫取得的成绩与经验，查找问题，从宏观指导和具体操作层面提出推进新疆民族地区教育扶贫的对策建议，使新疆教育扶贫真正达到让新疆贫困地区和贫困人口获得自我发展、自主脱贫的目的。

（二）难点问题

第一，新疆自身发展的不平衡性、民族成分多元、周边环境复杂，决定了整个调研工作的艰巨性，调研工作具有一定难度。

第二，在有限条件下，取得第一手资料，获得有价值的信息进行理论分析，以提供可信度高、可操作性强的建议，是本书的一个难点问题。

第三，搞好问卷调查、个案调查、田野调查、统计分析、对比分析等是本书研究的难点。

第四，注意结论的社会价值，把课题研究和国家、自治区既有的及将出台的相关政策方针结合起来，把研究成果定位在为促进新疆精准脱贫上，为其提供参考性建议和意见，是本书研究的难点所在。

---

① 习近平. 摆脱贫困 [M]. 福州：福建人民出版社，1992：1.
② 习近平. 摆脱贫困 [M]. 福州：福建人民出版社，1992：6.
③ 习近平谈治国理政：第二卷 [M]. 北京：外文出版社，2017.

七、研究方法

本书拟采用以下几种研究方法：

第一，实证分析和规范分析相结合。新疆教育扶贫的现状主要以实证分析为主。在政策建议研究时，笔者采用规范分析方法，试图使拟定的政策更具有针对性、可操作性。

第二，定性分析和定量分析相结合。定性分析上主要侧重文献资料法、对比分析方法。定量分析主要侧重深度访谈、统计分析、实地调查、图表分析、田野调查、问卷调查、跟踪调查等多种方式搜集相关的数据、信息。

第三，坚持宏观研究与微观研究相结合。宏观方面，从新疆全区的视角，分析随着国家战略扶贫政策的实施，新疆推进教育扶贫的必要性。微观方面，以南疆四地州为微观个案，重点进行剖析。

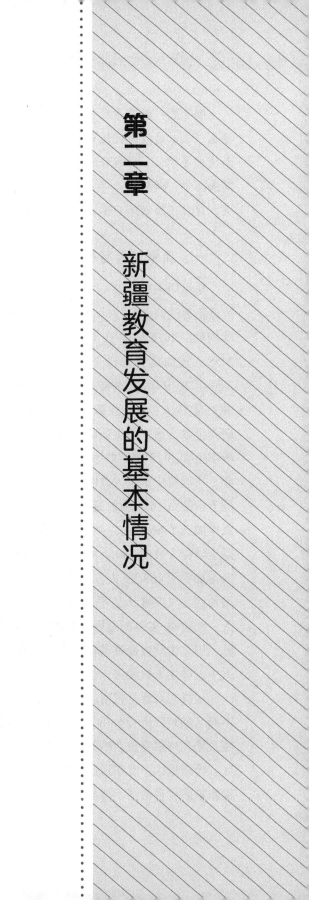

第二章

新疆教育发展的基本情况

摘　要： 教育是脱贫扶贫的根本之策，同时乡村振兴也要靠教育铸牢根基。本章通过新疆统计年鉴相关数据，总结梳理了新疆普通高等学校、新疆中等学校、新疆普通中等专业学校、新疆普通中学、新疆高中、新疆职业高中、新疆技工学校、新疆普通小学、新疆特殊教育学校的基本情况，旨在了解新疆整体教育发展情况。

一、新疆普通高等学校基本情况

从纵向来看，以 1978 年、2000 年、2010 年、2019 年为时间点分析研究新疆普通高等学校从 1978 年至 2019 年的数据变化。新疆普通高等学校学校数由 1978 年的 10 所增加到了 2019 年的 54 所；教师数由 1978 年的 2458 人增加到了 2019 年的 21798 人；在校学生数由 1978 年的 10229 人增加到了 2019 年的 453824 人；招生数由 1978 年的 4118 人增加到了 2019 年的 155043 人；毕业生数由 1978 年的 1509 人增加到了 2019 年的 91002 人。研究生数方面，招生数由 1978 年的 16 人增加到了 2019 年的 10131 人，在校学生数由 1978 年的 16 人增加到了 2019 年的 26858 人。2000 年至 2019 年，攻读博士学位人数由 48 人增加到了 1800 人；1978 年至 2019 年，攻读硕士学位由 16 人增加到了 25058 人；2000 年至 2019 年，毕业生数由 235 人增加到了 6643 人，其中攻读博士学位人数由 5 人增加到了 220 人，攻读硕士学位人数由 230 人增加到了 6423 人。平均每万人中大学生人数由 8.3 人增加到了 169.22 人，占比由 0.36% 增加到了 10.68%；教师数由 2458 人增加到了 21798 人，平均每个教师负担学生数由 4.16 人增加到了 19.59 人；经过 40 多年的发展，新疆普通高等学校在学校数、教师数、在校学生数、毕业生数方面都有较大增长，研究生数方面也有显著提升，平均每万人中大学生人数和占比也有较大提高（见表 2-1）。

从横向来看，把南疆地区、北疆地区、东疆地区和生产建设兵团作为不同区域划分进行分析，南疆地区指巴音郭楞蒙古自治州、阿克苏地区、克孜勒苏柯尔克孜自治州、喀什地区、和田地区；东疆地区指吐鲁番市地区、哈密地区；北疆地区指乌鲁木齐市、克拉玛依市、昌吉回族自治州、伊犁哈萨克自治州、塔城地区、阿勒泰地区、博尔塔拉蒙古自治州。依据

表 2-1　新疆普通高等学校基本情况

单位：人

年份	学校数（所）	教师数	在校学生数	招生数	毕业生数	研究生数 招生数	研究生数 在校学生数	攻读博士学位	攻读硕士学位	研究生数 毕业生数	攻读博士学位	攻读硕士学位	平均每万人中大学生 人数	占比（%）	教师负担 教师数	平均每个教师负担学生数
1978 年	10	2458	10229	4118	1509	16	16	—	16	—	—	—	8.3	0.36	2458	4.16
2000 年	20	7924	74063	30689	11220	544	1196	48	1148	235	5	230	41.05	1.82	7924	9.34
2010 年	32	16506	263835	79216	66903	4595	12675	713	11962	3360	158	3202	115.13	6.96	16506	15.22
2019 年	54	21798	453824	155043	91002	10131	26858	1800	25058	6643	220	6423	169.22	10.68	21798	19.59

资料来源：新疆维吾尔自治区统计局，国家统计局新疆调查总队. 2020 年新疆统计年鉴 [Z]. 北京：中国统计出版社，2021.

2019 年数据，新疆普通高等学校的学校数：南疆地区 10 所，北疆地区 33 所、东疆地区 2 所、生产建设兵团 9 所；教职工数：南疆地区 4164 人，北疆地区 22817 人，东疆地区 668 人，生产建设兵团 4922 人；教师数：南疆地区 2938 人，北疆地区 14807 人，东疆地区 542 人，生产建设兵团 3511 人；在校学生数：南疆地区 62996 人，北疆地区 300010 人，东疆地区 6326 人，生产建设兵团 57634 人；招生数：南疆地区 22765 人，北疆地区 99406 人，东疆地区 3018 人，生产建设兵团 19723 人；毕业生数：南疆地区 11113 人，北疆地区 59821 人，东疆地区 583 人，生产建设兵团 12842 人（见表 2-2）。由此可见，新疆高等学校主要集中在北疆地区，相应的其教师、在校学生、招生和毕业人数也相对较多，其次是南疆地区和生产建设兵团，最后是东疆地区。

表 2-2　新疆高等教育基本情况

单位：人

区域		学校数（所）	教职工数	教师数	在校学生数	招生数	毕业生数
自治区	南疆地区	10	4164	2938	62996	22765	11113
	北疆地区	33	22817	14807	300010	99406	59821
	东疆地区	2	668	542	6326	3018	583
生产建设兵团		9	4922	3511	57634	19723	12842

资料来源：新疆维吾尔自治区统计局，国家统计局新疆调查总队. 2020 年新疆统计年鉴 [Z]. 北京：中国统计出版社，2021.

二、新疆中等学校基本情况

从纵向来看，以 1978 年、2000 年、2010 年、2019 年为时间点分析研究新疆中等学校从 1978 年至 2019 年的数据变化。1978—2019 年，新疆中等学校数由 2078 所减少到了 1446 所；教师数由 44417 人增加到了 152979 人；在校学生数由 838560 人增加到了 1833868 人；招生数由 343088 人增加到了 633552 人；毕业生数由 205862 人增加到了 564164 人。平均每万人中学生人数由 654 人增加到了 697.93 人，占比由 28.02% 增加到 36.01%；

表 2-3　新疆中等学校基本情况

单位：人

年份	学校数（所）	教师数	在校学生数	招生数	毕业生数	平均每万人中学生		教师数	教师负担学生数	女学生数	女教师数
						人数	占比（%）		平均每个教师负担学生数		
1978 年	2078	44417	838560	343088	205862	654	28.02	41661	19.36	—	—
2000 年	2000	89211	1311845	486743	363503	638.26	27.93	75895	14.92	688781	47616
2010 年	1772	128306	1684027	597621	547288	652.09	39.41	113990	12.48	840454	76717
2019 年	1446	152979	1833868	633552	564164	697.93	36.01	133449	11.28	875930	90499

资料来源：新疆维吾尔自治区统计局，国家统计局新疆调查总队. 2020 年新疆统计年鉴 [Z]. 北京：中国统计出版社，2021.

表 2-4　新疆中等学校基本情况

单位：人

区域		学校数（所）	教职工数	教师数	在校学生数	招生数	毕业生数
自治区	南疆地区	607	84038	94183	1138148	353927	359229
	北疆地区	678	58761	66043	801773	270046	186261
	东疆地区	108	8670	10166	100107	32593	35462
生产建设兵团		314	18637	20342	247272	82372	79732

资料来源：新疆维吾尔自治区统计局，国家统计局新疆调查总队. 2020 年新疆统计年鉴 [Z]. 北京：中国统计出版社，2021.

教师数由 41661 人增加到了 133449 人，平均每个教师负担学生数由 19.36 人减少到 11.28 人；从 2000—2019 年，女学生数由 688781 人增加到了 875930 人；女教师数由 47616 人增加到了 90499 人经过 40 多年发展，新疆中等学校的教师数、在校学生数、招生数、毕业生数、女学生数、女教师数都有了显著的增加，平均每万人中学生人数和占比有所提高，随着教师人数的增多教师承担的学生数也不断下降（见表 2-3）。

从横向来看，以南疆地区、北疆地区、东疆地区和兵团作为区域划分进行分析，新疆中等学校的学校数：南疆地区 607 所，北疆地区 678 所，东疆地区 108 所、生产建设兵团 314 所；教职工数：南疆地区 84038 人，北疆地区 58761 人，东疆地区 8670 人，生产建设兵团 18637 人；教师数：南疆地区 94183 人，北疆地区 66043 人，东疆地区 10166 人，生产建设兵团 20342 人；在校学生数：南疆地区 1138148 人，北疆地区 801773 人，东疆地区 100107 人，生产建设兵团 247272 人；招生数：南疆地区 353927 人，北疆地区 270046 人，东疆地区 32593 人，生产建设兵团 82372 人；毕业生数：南疆地区 359229 人，北疆地区 186261 人，东疆地区 35462 人，生产建设兵团 79732 人。从横向区域情况来看，新疆中等学校主要集中在北疆地区，其次是南疆地区、生产建设兵团，最后是东疆地区；但南疆地区的教职工数、教师数、在校学生数、招生数、毕业生数较多，其次是北疆地区、生产建设兵团和东疆地区（见表 2-4）。

三、新疆普通中等专业学校基本情况

从纵向来看，以 1978 年、2000 年、2010 年、2019 年为时间点分析研究新疆中等学校从 1978 年至 2019 年的数据变化。1978—2019 年，新疆普通中等专业学校学校数由 78 所增加到了 87 所；教师数由 2543 人增加到了 7372 人；在校学生数由 23696 人增加到了 185810 人；招生数由 12540 人增加到了 60819 人；毕业生数由 8801 人增加到了 45918 人。平均每万人中学生人数由 654 人增加到了 697.93 人，占比由 28.02% 增加到了 36.01%；教师数由 41661 人增加到了 133449 人，平均每个教师负担学生数由 19.36 人减少到了 11.28 人。从 2000—2019 年，女学生数由 49892 人增加到了 83525 人；女教师数由 3408 人增加到了 4191 人（见表 2-5）。经过 40 多年发展，新疆中等学校对学校数量进行了整合，教师数、在校学生数、招生数、毕

表 2-5　新疆普通中等专业学校基本情况

单位：人

年份	学校数（所）	教师数	在校学生数	招生数	毕业生数	平均每万人中学生		教师负担学生数		女学生数	女教师数
						人数	占比（%）	教师数	平均每个教师负担学生数		
1978 年	78	2543	23696	12540	8801	654	28.02	41661	19.36	—	—
2000 年	112	6786	105255	38866	25879	638.26	27.93	75895	14.92	49892	3408
2010 年	81	6232	152227	60418	44478	652.09	39.41	113990	12.48	82554	3421
2019 年	87	7372	185810	60819	45918	697.93	36.01	133449	11.28	83525	4191

资料来源：新疆维吾尔自治区统计局，国家计局新疆调查总队. 2020 年新疆统计年鉴 [Z]. 北京：中国统计出版社，2021.

表 2-6　新疆中等专业学校基本情况

单位：人

区域		学校数（所）	教职工数	教师数	在校学生数	招生数	毕业生数
自治区	南疆地区	63	7074	6178	133038	48593	32628
	北疆地区	74	5739	5361	83588	25853	25711
	东疆地区	7	442	334	8645	2228	2181
生产建设兵团		24	1625	1150	30166	10426	7441

资料来源：新疆维吾尔自治区统计局，国家统计局新疆调查总队. 2020 年新疆统计年鉴 [Z]. 北京：中国统计出版社，2021.

业生数、女学生数、女教师数有了显著增加，平均每万人中学生人数和占比有所提升，随着教师人数的增多教师承担的学生数也不断下降。

从横向来看，以南疆、北疆、东疆和兵团作为区域划分进行分析，新疆中等专业学校的学校数：南疆地区 63 所，北疆地区 74 所，东疆地区 7 所、生产建设兵团 24 所；教职工数：南疆地区 7074 人，北疆地区 5739 人，东疆地区 442 人，生产建设兵团 1625 人；教师数：南疆地区 6178 人，北疆地区 5361 人，东疆地区 334 人，生产建设兵团 1150 人；在校学生数：南疆地区 133038 人，北疆地区 83588 人，东疆地区 8645 人，生产建设兵团 30166 人；招生数：南疆地区 48593 人，北疆地区 25853 人，东疆地区 2228 人，生产建设兵团 10426 人；毕业生数：南疆地区 32628 人，北疆地区 25711 人，东疆地区 2181 人，生产建设兵团 7441 人。从横向区域情况来看，新疆中等学校主要集中在北疆地区，其次是南疆地区、生产建设兵团，最后是东疆地区（见表 2-6）。

四、新疆普通中学基本情况

从纵向来看，以 1978 年、2000 年、2010 年、2019 年为时间点分析研究新疆普通高等学校的数据变化。1978—2019 年，新疆普通中学学校数由 1997 所减少到了 1206 所；教师数从 1978—2000 年由 41661 人增加到 775895 人，随后呈递减趋势到 2019 年减少到了 44262 人；在校学生数由 806386 人增加到了 1505589 人；招生数由 323948 人增加到了 518012 人；毕业生数由 195542 人增加到了 481870 人。平均每万人人中大学生人数由 654 人增加到了 697.93 人，占比由 28.02%增加到了 36.01%，其中从 2010 年到 2019 年同比增长速度有下降的趋势；教师数由 41661 人增加到了 133449 人，平均每个教师负担学生数由 19.36 人下降到了 11.28 人；女学生数由 2000 年 568060 人增加到了 770346 人；女教师数由 2000 年 40030 人增加到了 84210 人（见表 2-7）。由此可见，尽管新疆普通中学的学校数量呈现减少的趋势，但在校学生数、招生数、毕业生数以及平均每万人中中学生占比、平均教师负担学生数和女性教师和学生数都大大增加了。

从横向来看，以南疆地区、北疆地区、东疆地区和生产建设兵团作为区域划分进行分析。新疆普通中学的学校数：南疆地区 428 所，北疆地区 460 所，东疆地区 79 所，生产建设兵团 239 所；教职工数：南疆地区 76964 人，

表 2-7　新疆普通中学基本情况

单位：人

年份	学校数（所）	教师数	在校学生数	招生数	毕业生数	平均每万人中中学生		教师负担学生数		女学生数	女教师数
						人数	占比（%）	教师数	平均每个教师负担学生数		
1978 年	1997	41661	806386	323948	195542	654	28.02	41661	19.36	—	—
2000 年	1711	775895	1132912	418790	308225	638.26	27.93	75895	14.92	38419	40030
2010 年	1545	113990	1422419	489356	473216	652.09	39.41	113990	12.48	136071	67901
2019 年	1206	44262	1505589	518012	481870	697.93	36.01	133449	11.28	235591	84210

资料来源：新疆维吾尔自治区统计局，国家统计局新疆调查总队. 2020 年新疆统计年鉴 [Z]. 北京：中国统计出版社，2021.

表 2-8　新疆普通中学基本情况

单位：人

	区域	学校数（所）	教职工数	教师数	在校学生数	招生数	毕业生数
自治区	南疆地区	428	76964	66966	751440	260543	238121
	北疆地区	460	52652	44612	530160	182128	169685
	东疆地区	79	8228	7383	66766	22760	22922
生产建设兵团		239	17012	14488	157223	52581	51142

资料来源：新疆维吾尔自治区统计局，国家统计局新疆调查总队. 2020 年新疆统计年鉴 [Z]. 北京：中国统计出版社，2021.

北疆地区 52652 人，东疆地区 8228 人，生产建设兵团 17012 人；教师数：南疆地区 66966 人，北疆地区 44612 人，东疆地区 7383 人，生产建设兵团 14488 人；在校学生数：南疆地区 751440 人，北疆地区 530160 人，东疆地区 66766 人，生产建设兵团 157223 人；招生数：南疆地区 260543 人，北疆地区 182128 人，东疆地区 22760 人，生产建设兵团 52581 人；毕业生数：南疆地区 238121 人，北疆地区 169685 人，东疆地区 22922 人，生产建设兵团 51142 人（见表 2-8）。从横向上纵观全疆普通中学的发展情况来看，除东疆外每个地区的普通中学数量都超过了百所，招生数和毕业生数基本持平，说明全疆地区的普通中学发展呈现出良好的发展态势。

五、新疆高中基本情况

从纵向来看，以 1978 年、2000 年、2010 年、2019 年为时间点分析研究新疆高中学校从 1978 年至 2019 年的数据变化。1978—2019 年，新疆高中学校的学校数由 673 所减少到了 336 所；教师数由 8064 人增加到了 44262 人；在校学生数由 128376 人增加到了 528445 人；招生数由 68261 人增加到了 170084 人；毕业生数由 53970 人增加到了 186939 人。平均每万人中中学生人数由 654 人增加到了 697.93 人，占比由 28.02% 增加到了 36.01%；教师数由 41661 人增加到了 133449 人，平均每个教师负担学生数由 19.36 人减少到了 11.28 人；女学生数由 2000 年 38419 人增加到了 2019 年的 235591 人；女教师数由 2000 年 3192 人增加到了 2019 年的 12216 人（见表 2-9）。由此可见，从 1978—2019 年，教师数、在校学生数、平均每万人中中学生人数占比和教师负担学生数都呈现出上涨的趋势，这从侧面反映出新疆高中的学校规模逐渐扩大，加强了对高素质人才的培养。

从横向来看，以 2019 年南疆地区、北疆地区、东疆地区和兵团作为区域划分进行分析，新疆高中学校的学校数：南疆地区 124 所，北疆地区 139 所，东疆地区 22 所，生产建设兵团 51 所；教师数：南疆地区 21039 人，北疆地区 16070 人，东疆地区 2449 人，生产建设兵团 4704 人；在校学生数：南疆地区 253670 人，北疆地区 190169 人，东疆地区 24723 人，生产建设兵团 59883 人；招生数：南疆地区 80771 人，北疆地区 62343 人，东疆地区 7605 人，生产建设兵团 19365 人；毕业生数：南疆地区 88480 人，北疆地区 66951 人，东疆地区 10359 人，生产建设兵团 21149 人（见表 2-10）。

表 2-9　新疆高中基本情况

单位：人

年份	学校数（所）	教师数	在校学生数	招生数	毕业生数	平均每万人中中学生		教师负担学生数		女学生数	女教师数
						人数	占比（%）	教师数	平均每个教师负担学生数		
1978 年	673	8064	128376	68261	53970	654	28.02	41661	19.36	—	—
2000 年	484	16069	198639	76744	54985	638.26	27.93	75895	14.92	38419	3192
2010 年	385	30231	419141	153238	135706	652.09	39.41	113990	12.48	136071	8362
2019 年	336	44262	528445	170084	186939	697.93	36.01	133449	11.28	235591	12216

资料来源：新疆维吾尔自治区统计局，国家统计局新疆调查总队. 2020 年新疆统计年鉴 [Z]. 北京：中国统计出版社，2021.

表 2-10　新疆高中基本情况

单位：人

区域		学校数（所）	教师数	在校学生数	招生数	毕业生数
自治区	南疆地区	124	21039	253670	80771	88480
	北疆地区	139	16070	190169	62343	66951
	东疆地区	22	2449	24723	7605	10359
生产建设兵团		51	4704	59883	19365	21149

资料来源：新疆维吾尔自治区统计局，国家统计局新疆调查总队. 2020 年新疆统计年鉴 [Z]. 北京：中国统计出版社，2021.

从横向区域情况来看，新疆高中学校首先主要集中在南疆地区和北疆地区，其次是东疆地区，最后是生产建设兵团。

六、新疆职业高中基本情况

从纵向来看，以 2000 年、2010 年、2019 年为时间点分析研究新疆职业高中学校从 2000 年至 2019 年的数据变化。2000—2019 年，新疆高中学校数由 112 所减少到了 55 所；教师数由 3104 人增加到了 4096 人，其中2010 年人数为 2708 人；在校学生数由 51270 人增加到了 64994 人；招生数由 20027 人增加到了 24695 人，其中 2010 年人数为 28767 人；毕业生数由17341 人减少到了 16872 人，其中 2010 年人数为 14442 人。平均每万人中中学生生人数由 654 人增加到了 697.93 人，占比由 28.02% 增加到了 36.01%；教师数由 41661 人增加到了 133449 人，平均每个教师负担学生数由 19.36 人减少到了 11.28 人；女学生数由 2000 年 38419 人增加到了 2019 年的 235591人；女教师数由 2000 年 1601 人增加到了 2019 年的 2098 人（见表 2-11）。

从横向来看，以 2019 年南疆地区、北疆地区、东疆地区和兵团作为区域划分进行分析，新疆高中学校的学校：南疆地区 60 所，北疆地区 70 所，东疆地区 6 所，生产建设兵团 22 所；教职工数：南疆地区 7074 人，北疆地区 6019 人，东疆地区 442 人，生产建设兵团 1625 人；教师数：南疆地区 6178 人，北疆地区 4422 人，东疆地区 334 人，生产建设兵团 1150 人；在校学生数：南疆地区 133038 人，北疆地区 83588 人，东疆地区 8645 人，生产建设兵团 30166 人；招生数：南疆地区 48593 人，北疆地区 25575 人，东疆地区 2208 人，生产建设兵团 10426 人；毕业生数：南疆地区 32628 人，北疆地区 25292 人，东疆地区 2181 人，生产建设兵团 7441 人（见表 2-12）。

七、新疆技工学校基本情况

从纵向上来看，1978 年至 2019 年，新疆技工学校数基本呈现曲折增长态势，1978 年至 2019 年新疆技工学校数由 10 所增加至 98 所；教师数由 213 人增加至 8062 人，其中女教师数由 2000 年的 2577 人增加至 2010年的 3937 人；在校学生数由 1978 年的 8478 人增加至 2019 年的 77475 人；

表2-11 新疆职业高中基本情况

单位：人

年份	学校数（所）	教师数	在校学生数	招生数	毕业生数	平均每万人中中学生		教师负担学生数		女学生数	女教师数
						人数	占比（%）	教师数	平均每个教师负担学生数		
1978年	—	—	—	—	—	654	28.02	41661	19.36	—	—
2000年	112	3104	51270	20027	17341	638.26	27.93	75895	14.92	38419	1601
2010年	83	2708	59593	28767	14442	652.09	39.41	113990	12.48	136071	1458
2019年	55	4096	64994	24695	16872	697.93	36.01	133449	11.28	235591	2098

资料来源：新疆维吾尔自治区统计局，国家统计局新疆调查总队. 2020年新疆统计年鉴[Z]. 北京：中国统计出版社，2021.

表2-12 新疆职业高中基本情况

单位：人

区域		学校数（所）	教职工数	教师数	在校学生数	招生数	毕业生数
自治区	南疆地区	60	7074	6178	133038	48593	32628
	北疆地区	70	6109	4422	83588	25575	25292
	东疆地区	6	442	334	8645	2228	2181
生产建设兵团		22	1625	1150	30166	10426	7441

资料来源：新疆维吾尔自治区统计局，国家统计局新疆调查总队. 2020年新疆统计年鉴[Z]. 北京：中国统计出版社，2021.

女学生数由 2000 年的 8740 人增加至 2010 年的 13228 人；招生数逐年增加，由 1978 年的 6600 人增加至 2019 年的 30026 人；毕业生数由 1978 年的 1519 人增加至 2019 年的 19504 人（见表 2-13）。可以看出，技工学校的教师数、在校学生数、招生数以及毕业生数增长趋势明显。技工院校办学层次持续提升，办学规模不断扩大。《国家中长期教育改革和发展规划纲要（2010—2020）》明确指出："发展职业教育是推动经济发展、促进就业、改善民生、解决'三农'问题的重要途径，是缓解劳动力供求结构矛盾的关键环节，必须摆在更加突出的位置。"由此得出，包括技工学校在内的职业教育的需求未来还会持续上涨。

从横向来看，以地理位置为划分依据，分别对南疆地区、北疆地区、东疆地区以及生产建设兵团的教育基本情况进行分析。根据《新疆统计年鉴 2020》，新疆技工学校数：南疆地区 60 所，北疆地区 70 所，东疆地区 6 所，生产建设兵团 22 所；在校学生数：南疆地区 133038 人，北疆地区 83588 人，东疆地区 8645 人，生产建设兵团 30166 人；招生数：南疆地区 48593 人，北疆地区 25853 人，东疆地区 2228 人，生产建设兵团 10426 人；毕业生数：南疆地区 32628 人，北疆地区 25711 人，东疆地区 2181 人，生产建设兵团 7441 人；教职工数：南疆地区 7074 人，北疆地区 6109 人，东疆地区 442 人，生产建设兵团 1625 人；教师数：南疆地区 6178 人，北疆地区 5361 人，东疆地区 334 人，生产建设兵团 1150 人（见表 2-14）。可以看出，相比北疆地区、东疆地区和生产建设兵团，南疆地区在校学生数、教师数、招生数和毕业生数方面数量更多。

表 2-13　新疆技工学校基本情况

单位：人

年份	学校数	教师数	在校学生数	招生数	毕业生数	女学生数	女教师数
1978 年	10	213	8478	6600	1519	—	—
2000 年	65	3426	22408	9080	12058	8740	2577
2010 年	63	5706	49788	19080	15152	13228	3937
2019 年	98	8062	77475	30026	19504	—	—

资料来源：新疆维吾尔自治区统计局，国家统计局新疆调查总队. 2020 年新疆统计年鉴 [Z]. 北京：中国统计出版社，2021.

表 2-14　新疆技工学校基本情况

单位：人

区域		学校数	在校学生数	招生数	毕业生数	教职工数	教师数
自治区	南疆地区	60	133038	48593	32628	7074	6178
	北疆地区	70	83588	25853	25711	6109	5361
	东疆地区	6	8645	2228	2181	442	334
生产建设兵团		22	30166	10426	7441	1625	1150

资料来源：新疆维吾尔自治区统计局，国家统计局新疆调查总队. 2020 年新疆统计年鉴 [Z]. 北京：中国统计出版社，2021.

八、新疆普通小学基本情况

根据《新疆统计年鉴 2020》，分别选取了 1978 年、2000 年、2010 年和 2019 年作为参考时间点研究新疆教育的基本情况。从纵向上来看，1978 年至 2019 年，新疆小学学校数目由 9891 所减少至 3640 所；教师数由 82616 人增加至 167448 人，其中女教师数由 2000 年的 84944 人增加至 116866 人；在校学生数由 1978 年的 2028771 人先增后减再增至 2019 年的 2606825 人；相应的女学生数由 2000 年的 1200513 人先减后增至 2019 年的 1263276 人；招生数呈先减后增的趋势，由 1978 年的 459802 人减少至 2010 年的 311861 人，2019 年又增加至 529952 人；毕业生数减幅较大，由 388359 人减少至 348604 人；教师负担学生数由 24.56 人减少至 15.57 人（见表 2-15）。可以看出，新疆小学学校数量大幅减少，由 1978 年的 9891 所缩减到 2019 年的 3640 所，而招生数、在校学生数和教师数增幅较大。查阅相关资料发现，针对中小学布局过于分散的现状，新疆各地结合中小学危房改造、中小学校舍"八配套"建设和"国家贫困地区义务教育工程"等，对中小学布局进行了调整，学校数量有所减少，在校生规模有所扩大，办学效益有了明显的提高。新疆在实施"两基"过程中，把调整布局、集中办学作为重要工作来抓，合理配置教育资源，提高办学效益。全疆各地按照"普九"和合理配置资源的原则，调整学校布局，通过政策、计划、经费的导向作用，将过于分散、规模小、生源不足的学校集中办学。同时，在边远的农牧区积极发展寄宿制学校，使农牧民的子女进得来，留得住，学得好。这一减一增，不仅提高了办学效益，也为学校更好地实施素质教育，全面提高教育质量提供了条件。从统计年鉴中也可以看到教师负担学生数整体下降幅度较大，每位教师承担的学生数由 24.56 人减少至 15.57 人。《自治区中小学教师减负清单》指出，要强化党对教育工作的全面领导，遵循教育教学规律，聚焦教师立德树人、教书育人主责主业，切实履行责任，把减轻中小学教师负担工作纳入重要议事日程，严格落实审批和报备制度，采取有效措施予以推进。大力倡导尊师重教，努力引导全社会进一步支持教育工作、关心教师发展，共同营造良好的教育教学环境。

从横向来看，以地理位置为划分依据，分别对南疆地区、北疆地区、东疆地区以及生产建设兵团的教育基本情况进行分析，新疆小学学校数：南疆地区 2600 所，北疆地区 847 所，东疆地区 147 所，生产建设兵团 46 所；在校学生数：南疆地区 1572396 人，北疆地区 747508 人，东疆地区 105680 人，生产建设兵团 181241 人；招生数：南疆地区 341125 人，北疆地区 136355 人，东疆地区 19533 人，生产建设兵团 32938 人；毕业生数：南疆地区 186638 人，北疆地区 116840 人，东疆地区 15821 人，生产建设兵团 29305 人；教职工数：南疆地区 106458 人，北疆地区 61356 人，东疆地区 12235 人，生产建设兵团 14585 人；教师数：南疆地区 91657 人，北疆地区 51768 人，东疆地区 11185 人，生产建设兵团 12838 人。（见表 2-16）从横向区域来看，新疆小学学校数首先主要集中在南疆地区，其次是北疆地区和东疆地区，最后是生产建设兵团。

表 2-15　新疆小学教育基本情况

单位：人

年份	学校数	教师数	在校学生数	招生数	毕业生数	教师负担学生数	女学生数	女教师数
1978 年	9891	82616	2028771	459802	388359	24.56	—	—
2000 年	6718	131259	2477413	364193	371758	18.87	1200513	84944
2010 年	3598	133963	1935798	311861	334362	14.45	932296	92917
2019 年	3640	167448	2606825	529951	348604	15.57	1263276	116866

资料来源：新疆维吾尔自治区统计局，国家统计局新疆调查总队. 2020 年新疆统计年鉴 [Z]. 北京：中国统计出版社，2021.

表 2-16　新疆小学招生基本情况

单位：人

	区域	学校数	在校学生数	招生数	毕业生数	教职工数	教师数
自治区	南疆地区	2600	1572396	341125	186638	106458	91657
	北疆地区	847	747508	136355	116840	61356	51768
	东疆地区	147	105680	19533	15821	12235	11185
生产建设兵团		46	181241	32938	29305	14585	12838

资料来源：新疆维吾尔自治区统计局，国家统计局新疆调查总队. 2020 年新疆统计年鉴 [Z]. 北京：中国统计出版社，2021.

九、新疆特殊教育学校基本情况

从纵向上来看，1978 年至 2019 年，新疆特殊教育学校数量由 1 所增加至 28 所；教师数也快速增加，由 28 人增加至 1118 人；在校学生数由 270 人增加至 26565 人；招生数由 40 人增加至 5696 人；毕业生数由 195 人增加至 3137 人（见表 2-17）。可以看出，特殊教育学校的学校数、在校学生数、教师数、招生数以及毕业生数大幅增加。2019 年的在校学生数大约已经扩大到 1978 年在校学生数的 98 倍，可见特殊教育需求上涨幅度较大，政府也给予了很好的回应并做出了很大的努力。新疆维吾尔自治区深入学习贯彻习近平总书记关于教育的重要论述和全国教育大会精神，坚持以人民为中心，不断加大对特殊教育的经费投入和倾斜力度，健全残疾学生资助体系，持续改善特殊教育学校办学条件，为残疾儿童少年接受公平而有质量的教育提供坚实保障。截至 2020 年底，全疆义务教育阶段适龄残疾儿童少年入学率为 98.5%。由此看出，新疆特殊教育发展总体上取得了令人瞩目的成就。

从横向来看，新疆特殊教育学校数：南疆地区 11 所，北疆地区 14 所，东疆地区 2 所，生产建设兵团 1 所；在校学生数：南疆地区 2372 人，北疆地区 1639 人，东疆地区 349 人，生产建设兵团 91 人；招生数：南疆地区 386 人，北疆地区 329 人，东疆地区 108 人，生产建设兵团 13 人；毕业生数：南疆地区 304 人，北疆地区 180 人，东疆地区 46 人，生产建设兵团 23

人；教职工数：南疆地区 604 人，北疆地区 491 人，东疆地区 143 人，生产建设兵团 40 人；教师数：南疆地区 538 人，北疆地区 437 人，东疆地区 111 人，生产建设兵团 32 人（见表 2-18）。整体来看，相比北疆地区、东疆地区和生产建设兵团，南疆地区的在校学生数、教师数、教职工数、招生数和毕业生数数量较多。

表 2-17　新疆特殊教育学校基本情况

单位：人

年份	学校数	教师数	在校学生数	招生数	毕业生数
1978 年	1	28	270	40	195
2000 年	7	183	674	177	70
2010 年	13	347	5974	1055	728
2019 年	28	1118	26565	5696	3137

资料来源：新疆维吾尔自治区统计局，国家统计局新疆调查总队. 2020 年新疆统计年鉴［Z］. 北京：中国统计出版社，2021.

表 2-18　新疆特殊教育学校基本情况

单位：人

区域		学校数	在校学生数	招生数	毕业生数	教职工数	教师数
自治区	南疆地区	11	2372	386	304	604	538
	北疆地区	14	1639	329	180	491	437
	东疆地区	2	349	108	46	143	111
生产建设兵团		1	91	13	23	40	32

资料来源：新疆维吾尔自治区统计局，国家统计局新疆调查总队. 2020 年新疆统计年鉴［Z］. 北京：中国统计出版社，2021.

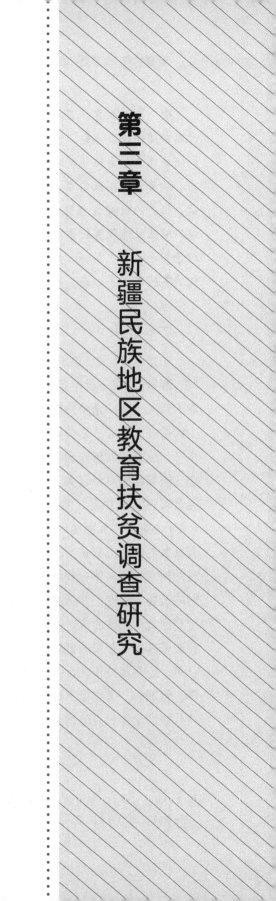

第三章

新疆民族地区教育扶贫调查研究

摘　要：教育扶贫是边疆民族地区实现脱贫攻坚的关键举措。笔者通过对新疆南疆、北疆、东疆三个区域七个地州 823 户农户和 33 位基层干部的问卷调查和实地访谈发现，新疆民族地区教育扶贫已经取得顶层设计有力、政策紧贴人民需求、多元主体协同治理、职业技术培训受青睐等成就，但是依旧存在教育扶贫政策内在结构化失衡、教育扶贫专业人才短缺、职业技能教育统筹不力、多元扶贫资源需优化整合等问题，需要围绕理论指导、重点革新、健全体系、优化结构、破除思想瓶颈、提高职业技能教育统筹力等方面，采取切实可行的措施。

一、引言

2015 年 11 月，在中央扶贫开发工作会议上，习近平总书记明确把"发展教育脱贫一批"放在"五个一批"精准脱贫工程的突出位置。自党的十八大以来，党中央把教育脱贫摆在脱贫攻坚的突出位置，并持续加大力度推进。习近平总书记在党的十九大报告中指出：提高保障和改善民生水平，加强和创新社会治理，要优化发展教育事业。围绕教育扶贫为中心，国家相继出台《关于实施教育扶贫工程的意见》《深度贫困地区教育脱贫攻坚实施方案（2018—2020 年）》《教育脱贫攻坚"十三五"规划》《关于办好深度贫困地区职业教育助力脱贫攻坚的指导意见》等政策。教育扶贫的作用机制是指教育扶贫作为制度规范或措施以及相应的制度体系或结构对相关客体（贫困群体、贫困群体的思想观念、行为方式）产生的影响及影响程度，并随着时间的变化产生互动关系[1]。这种影响及影响程度受到教育扶贫的推进情况不同而呈现不同的结果。教育精准扶贫作为教育改革和扶贫开发的最新机制，在提出后受到社会各界的广泛关注和高度认可。近几年关于教育扶贫的研究成为学者们关注的焦点，教育学、经济学、管理学、民族学、社会学等各专业都对教育扶贫的研究有所涉猎。现将代表性学者观点陈述如下：袁利平、姜嘉伟从理论分析的角度提出教育

---

① 袁利平，姜嘉伟. 教育扶贫的作用机制与路径创新 [J]. 西北农林科技大学学报社会科学版，2020（2）：35-43.

扶贫的作用机制与路径创新①；许锋华、徐洁、刘军豪从职业教育扶贫的视角探究连片特困民族地区职业教育反贫困的作用机制及实现保障策略②；房风文、邵苗苗、王向太从教育扶贫政策视角研究我国贫困地区职业教育精准扶贫的政策与实践，得出贫困地区职业教育精准扶贫的对策建议③；瞿晓理从网络报道内容入手，指出"职教扶贫模式"应该从"多元扶贫主体"转向"全员扶贫主体"④。周斌指出教育扶贫是南疆地区如期建成小康社会的根本途径，也是充分发挥南疆劳动力丰富优势的主要举措，更是实现社会稳定和长治久安的长远之举⑤。总体来看，相关学者对于教育扶贫问题的研究偏理论分析，兼有实践层面的研究成果，但以社会调查视角研究新疆边疆民族地区教育扶贫情况的成果并不多见。教育扶贫是指在国家精准扶贫战略的指导下，通过国家在教育政策、教育资金、教育人力资源等方面对贫困人口实施的一系列优惠举措，促进贫困人口平等地享受国家教育资源，是提高贫困人口的科学文化素质、增强贫困人口的劳动技能，从而实现贫困人口脱贫致富和贫困地区可持续发展的一种扶贫方式。基于此研究背景下，笔者综合运用文献研究法、问卷调查法、访谈法等方法，研究新疆边疆民族地区教育扶贫取得的成就以及现实困境，并提出了新疆边疆民族地区教育扶贫的实现路径，旨在为推进我国民族地区教育扶贫起到抛砖引玉的作用。

二、调查方法及样本分布

(一) 调查方法

1. 问卷调查

为研究新疆多民族地区开展教育扶贫情况，在查阅文献的基础上，设

① 袁利平，姜嘉伟. 教育扶贫的作用机制与路径创新 [J]. 西北农林科技大学学报社会科学版，2020（2）：35-43.

② 许锋华，徐洁，刘军豪. 连片特困民族地区职业教育反贫困的作用机制及实现保障研究 [J]. 广西民族研究，2017（06）：151-157.

③ 房风文，邵苗苗，王向太. 我国贫困地区职业教育精准扶贫的政策与实践分析 [J]. 职业技术教育，2019（21）：8-13.

④ 瞿晓理. 我国职业教育扶贫模式研究 [J]. 职业技术教育，2019（12）：48-54.

⑤ 周斌. 南疆深度贫困地区教育扶贫的思考 [J]. 新西部，2018（22）：63-67.

计了关于"新疆多民族地区教育扶贫研究"的调查问卷，问卷共涉及两部分：第一部分为被调查者的基本情况；第二部分为被调查者对教育扶贫的认识，即对教育扶贫主体、政府的重视程度、给家庭带来的帮助、实施效果等进行评价，以此为依据分析教育扶贫的开展情况。

2. 访谈法

为了弥补量化研究的缺陷，笔者在调研过程中开展了访谈。为获得更深层次的主体感受，笔者设计了"新疆多民族地区教育扶贫"访谈提纲。访谈提纲主要针对"访惠聚"工作队第一书记、队员、乡干部、县干部、村干部等人群。访谈的主要内容包括对教育扶贫的理解、教育扶贫给生活带来的改善、教育扶贫实施过程中存在的问题、对教育扶贫实施情况的满意度以及对现有教育扶贫的改进意见。通过访谈所获得的内容具体、翔实，能对调研报告的形成起到重要作用。

（二）样本分布

笔者于 2019 年 8 月 5 日—8 月 29 日分别前往南疆、北疆、东疆部分地区进行调研。一方面，利用农户较为集中的时间段（如周一升国旗、大宣讲、开展国家通用语言学习）进行问卷调查；另一方面，根据被访谈人群的时间及接受访谈意愿的因素来决定是否进行访谈。考虑到南疆地区的实际情况，将调查问卷分为汉语版和维吾尔语版，调研团队中还有专门的双语调查员，以此保证问卷结果的真实、有效。访谈一般在独立的办公室进行，并在此过程中对访谈内容做了详细的录音，方便访谈记录的整理。

问卷调查主要采用随机抽样的方法，共发放问卷为 900 份，回收 823 份，回收率 91.44%。因为南疆是深度贫困地区，所以发放问卷数量最多，共发放问卷 650 份，回收有效问卷 593 份，回收率为 91.23%。北疆地区共发放问卷 224 份，回收有效问卷 206 份，回收率为 91.96%。东疆地区共发放问卷 26 份，回收有效问卷 24 份，回收率为 92.30%。主要对新疆乌什县、策勒县、叶城县、玛纳斯县、霍城县的 33 名干部（"访惠聚"工作队第一书记、队员、乡干部、县干部）进行访谈，其中访谈第一书记 4 名、访谈"访惠聚"驻村工作队队员 10 名、访谈县干部 13 名、访谈村干部 6 名。

在本次调研的过程中，笔者选取南疆的叶城县、策勒县、乌什县作为调研点，首先基于三个县是深度贫困地区的深度贫困县；其次叶城县是新疆大学"访惠聚"驻村工作队的所在地,策勒县和乌什县有同事在当地开展扶贫工作,能够提供更多的机会深入了解当地教育扶贫工作的开展情况。选取北疆的昌吉回族自治州玛纳斯县、伊犁哈萨克自治州霍城县、塔城地区额敏县作为调研点,是基于三地当地的回族、哈萨克族较多,能够增加被调查者民族的多样性,使调查结果更加丰富、更加全面。选取东疆的吐鲁番地区吐鲁番市作为调研点,是因为在工作中曾接触过吐鲁番地区的扶贫干部,能够有机会更加深入了解吐鲁番地区教育扶贫的实施情况。本次调研样本的基本情况如表3-1、3-2所示:

表 3-1　调查问卷样本的基本情况

调查区域	人数	性别		民族		年龄				学历				
		男	女	少数民族	汉族	18岁以下	18~35岁	36~55岁	56岁以上	文盲或半文盲	小学	初中	高中或大专	大专	本科及以上
新疆地区	823	319	504	751	72	26	427	312	58	23	133	482	110	52	21
南疆地区	593	222	371	587	6	22	357	169	45	14	81	413	66	11	6
北疆地区	206	86	120	141	65	3	56	134	13	8	51	58	37	39	13
东疆地区	24	11	13	23	1	1	14	9	0	1	1	11	7	2	2

表 3-2　访谈的基本情况

访谈人员	访谈人数	说明
第一书记	4名	其中,南疆地区3名、北疆地区1名
"访惠聚"驻村工作队队员	10名	其中,南疆地区7名、北疆地区3名
县干部	13名	北疆地区13名
村干部	6名	南疆地区5名

三、新疆民族地区教育扶贫取得的成就

(一) 突出强化顶层设计,因地制宜精准施策

推进新疆教育扶贫必须根植于新疆土壤,新疆的教育扶贫策略精准施

策、精细服务为教育长效脱贫提供制度保障，确保新疆教育扶贫见成效。根据国家《深度贫困地区教育脱贫攻坚实施方案（2018—2020年)》《自治区脱贫攻坚教育扶贫专项行动实施方案》要求，结合新疆区情，新疆政府及教育部门制定了14项制度文件（如表3所示），明确了11个教育脱贫支持计划、29项工作任务、45条工作举措，确立教育优先发展的地位，保证教育脱贫工作切实高效运行。通过不断强化新疆教育扶贫顶层设计，不断提高贫困地区群众知识能力水平，解决贫困地区就业问题，精细教师队伍职业发展激励，推进教育脱贫工作深入新疆肌理（见表3-3）。

表3-3　新疆教育脱贫相关政策

序号	文件名
1	《新疆维吾尔自治区脱贫攻坚教育扶贫专项行动实施方案》
2	《南疆各级各类学校结对帮扶实施方案》
3	《新疆维吾尔自治区特殊教育提升计划》
4	《新疆维吾尔自治区义务教育学校标准化建设督导评估方案》
5	《新疆维吾尔自治区义务教育均衡发展督导评估方案》
6	《新疆维吾尔自治区"十三五"农村教师周转宿舍建设规划》
7	《南疆职业教育对口帮扶计划实施方案（2016—2020年)》
8	《新疆维吾尔自治区南疆四地州深度贫困地区脱贫攻坚实施方案（2018—2020)》
9	《新疆维吾尔自治区教育脱贫攻坚"六个必须""六个严禁""六个一律"工作纪律》
10	《新疆维吾尔自治区教育扶贫常态化调研工作制度》
11	《新疆维吾尔自治区精准建立教育扶贫台账制度》
12	《新疆维吾尔自治区建档立卡贫困学生信息比对工作制度》
13	《新疆维吾尔自治区教育扶贫政策宣传培训制度》
14	《新疆维吾尔自治区教育扶贫人员以干代训制度》

（二）多元主体协同治理，共同推进教育扶贫

伴随着新疆贫困动态化、多元化、多维化的发展态势，多元主体协同治理推进新疆教育扶贫丰富政府作为单一供给主体推进教育扶贫成为突出特点。调查问卷在对"您认为当地教育扶贫主体有哪些"的多项选择中，

认为是"政府"的高达74.12%,"'访惠聚'驻村工作队"为55.04%,"对口支援省份或单位"为46.66%,"社会组织(公益组织、慈善组织等)""企业""大中专院校""其他",所占比重分别为21.87%、20.66%、13.0%、2.43%。在南疆地区和北疆地区的调查中,笔者发现,农户对"政府"这个教育扶贫主体的回答最多,分别占73.36%和79.61%;而在东疆地区的调查中,农户回答"'访惠聚'驻村工作队"的较多,占62.50%。

(三)政策紧贴人民需求,落实到位评价高

政策出台是行政执行的逻辑起点,没有良好的公共政策,就无法在行政执行过程中取得实效。习近平总书记曾指出:"党中央制定的政策好不好,要看乡亲们是哭还是笑。要是笑,就说明政策好;要是有人哭,我们就要注意。"新疆教育扶贫工作亦是如此。新疆教育扶贫成效如何谁说了算?只能是新疆各民族群众。在问卷中,针对"您认为教育扶贫政策的实施效果如何"的回答,认为"非常好"的占全部被调查者的81.29%。其中,南疆地区认为"非常好"的占南疆被调查者的93.76%;东疆地区认为"非常好"的占东疆被调查者的75%;北疆地区认为"非常好"的占北疆被调查者的46.12%。在对"教育扶贫政策给您的家庭带来的帮助如何"的调查中,南疆地区接受调查的农户中89.04%的人认为帮助"非常大",北疆地区接受调查的农户中39.81%的人认为帮助"非常大",东疆地区接受调查的农户中41.67%的人认为帮助"非常大"。这些数据都表明国家和自治区的教育扶贫政策施策得当,特别是内地民族班、职业技术培训、国家通用语言学习、对口援疆支教等一系列教育扶贫政策实施情况良好,得到了农户的高度认可和拥护。

(四)职业技能培训受青睐,技能脱贫带动经济脱贫

"输血"变为"造血"的一个重要突破口就是加强贫困地区民众的职业技能培训,全面提升贫困群众自身发展能力,对于提升贫困群众个人技能、解决贫困群众就业、巩固贫困群众脱贫成果等方面具有"地基"作用。通过调查,农户对技能培训的态度呈现两个特点:第一,技能培训需求人数众多。在问及"是否愿意参加政府或其他组织提供的职业技能教育培训"时,表示"非常愿意参加"的占54.56%,表示"愿意参加"的占81.53%,这表明农户学习技能的意愿很强,想要通过教育扶贫学习新技

能、掌握新本领。第二，培训内容需求多样化。在调查中，笔者发现，南疆地区和北疆地区愿意参加"种植、养殖类技能"的分别占47.22%和56.80%，东疆地区愿意参加"餐饮类技能培训"的占37.50%。这表明不同地区，农户对技能学习的需求虽然是不同的，但想要通过技能培训掌握一技之长来主动脱贫的愿望是一样强烈的。

（五）统筹区内资源，重点向南疆四地州倾斜

南疆四地州是全国十四个集中连片地区的特困区，是新疆乃至国家脱贫攻坚中的"硬中硬""坚中坚"地区，贫困区域面积大、国家边境线长度长、扶贫脱贫成本高、贫困程度深、脱贫难度系数高。加大教育脱贫政策向南疆倾斜，从对南疆地区、北疆地区、东疆地区的调查中可略见一斑。在"对国家或自治区的教育扶贫政策的了解程度"的问题进行调查时显示，南疆地区表示"非常了解"的占当地被调查者的68.30%；而北疆地区和东疆地区表示"非常了解"的分别占当地接受调查人数的27.18%和25.00%。在"对当地政府对教育扶贫的重视程度"的调查中，南疆地区农户的满意度最高，认为"非常重视"的高达93.59%。在北疆地区，农户认为"非常重视"的占58.25%；在东疆地区，农户认为"重视"的占45.83%，而"非常重视"的占41.67%。在对"本人或者孩子在校期间是否享受过教育扶贫政策"的调查中，南疆、北疆、东疆三个地区，南疆地区表示"是"的占南疆被调查者的比重高达96.8%，北疆地区和东疆地区表示"是"的分别占各区域接受调查者的69.42%和70.83%。调查结果显示，南疆农户对教育扶贫政策的了解和满意度均远于北疆和东疆，这与政策向南疆深度贫困地区倾斜是分不开的。

（六）宣传载体多元，知名度助推政策影响力

政策宣传是政策落地的飞行器和催化剂。传统媒体和新媒体的多元结合，让国家及新疆的教育扶贫政策穿越天山南北，飞入了千家万户。具体表现在两个方面：第一，宣传力度大，拓展了农户认知度。在针对"您是否了解国家或自治区教育扶贫政策"的调查中，表示"非常了解"的占全部被调查者的56.74%，"听过"的占96.96%。第二，宣传方式多样，激发了农户了解和学习的兴趣。在针对"您了解教育扶贫政策的渠道有哪些"的多项选择调查中，认为来自"政府宣传"的占全部被调查者的92.22%；

"电视、报纸"占61.12%;"网络（电脑或手机）"占全27.34%;"亲戚朋友传播"占20.90%,"其他"占3.89%。在南疆、北疆、东疆三个区域中,农户对教育扶贫政策的了解来自"政府宣传"的,分别占各地接受调查人数的95.28%、83.98%、87.50%。由此可以看出,政府是政策宣传的主力,且电视、报纸作为农户日常生活中不可或缺的一部分,依旧是政策宣传的传统强势媒体;网络在深度贫困地区,受农户的经济水平、文化水平、语言等因素影响,普及率相对较低,但也收到了超过预期的效果。

（七）农户主动认知,教育扶贫政策入脑入心

脱贫攻坚内容丰富,影响深远。深度贫困地区较多的新疆农户相对于经济脱贫、产业脱贫等外在的物质因素外,对教育扶贫带来的思想脱贫、技能脱贫有着更高的主动认知性和积极性。调查数据显示,教育扶贫在农户思想中产生了入脑入心的影响力。在对"所在地最需要哪些方面的扶贫"的调查中,居于首位的是"教育扶贫",占全部被调查者的77.64%。其中,南疆地区占当地被调查者的83.14%,北疆地区占62.62%,东疆地区占70.83%。在对"您觉得教育扶贫政策给您家庭带来的帮助如何"的调查中,南疆地区接受调查的农户中89.04%的人认为帮助"非常大",北疆地区是39.81%,东疆地区是41.67%。在教育层级上,农户对"适龄幼儿接受学前教育"的知晓度最高,占比高达90.04%;对"义务教育'两免一补'"的了解占比82.99%,其中南疆地区占84.99%,北疆地区78.64%、东疆地区70.83%。学前教育不仅对孩子以后的学习有影响,对价值观的培养也起到重要作用。同时,农户的知晓度也反映出其对学龄幼儿接受学前教育的认识程度。越来越多的贫困居民越来越清晰地认识到教育脱贫真正是永久脱贫的强心针。

四、新疆民族地区教育扶贫的现实困境

（一）教育扶贫政策的内在结构化失衡,政策连续性较差

第一,教育扶贫政策包含但不限于传统的学校教育、技能培训,在新疆民族地区,对多民族开展国家认同、社会认同和民族认同等方面的思想教育、智力教育和价值观影响在教育扶贫政策中显得更为重要。在调查中对于"您所知道的教育扶贫政策"这一问题,列出了16个选项,选择

"内地民族班政策（内高班、内初班、内职班）"的占44.84%，占总数的一半；"新疆与内地省市中小学千校手拉手活动""少数民族预科班和少数民族高层次骨干人才培养计划"两项内容，综合南疆、北疆、东疆三个地区比例最低，分别为36.45%和37.91%，只有0.24%的人知晓除15项政策之外的部分，可见大家对于教育扶贫政策的内容了解和认知存在差异。

乌什县阿克托海乡阿克博孜村妇女主任访谈结果显示，大家普遍认为内地民族班政策很好，能让孩子接受更高全面的教育，但问题在于名额太少，造成考试录取成绩越来越高，贫困地区能考上的孩子就越来越少，造成了恶性循环。调查认为，造成失衡的原因有两个：一是政策的整体性和完备性有待完善，如更多的人倾向于选择内地民族班教育，既可以提高教育水平还能减轻家庭教育成本，但苦在名额较少，无法满足被调查者的需求，导致供需矛盾。二是民众的需求导向有待多样化，政府和参与主体要从政策和宣传上引导民众要根据受教育者的兴趣，从而减免教育费用、加大发放奖学金助学金等补助、订单式培养等方面，给民众多样化选择受教育途径的空间，促使大家转变思想、避免从众，扎堆选择某一特定的渠道，合理利用教育扶贫资源，发挥效益最大化。

第二，政策自带政府的公信力光环，政策的连续性发展是政策功能得以有效发挥的重要保障。教育扶贫政策自上而下的"一以贯之"的连续性较差不仅造成大量的资源浪费、降低教育扶贫政策的完整可操作性，更会对地方政府的公信力增加负面影响。伊犁霍城县萨尔布拉克镇乔勒潘村驻村工作队员访谈结果显示，政策"朝令夕改"，每一级领导对政策的理解都不一样，政策传达到镇级之后更凸显层层加压的现象。调查认为，造成的主要原因是当前教育扶贫时间紧、任务重，导致政策不能自上而下、自始至终原汁原味地落地，各层级政府及主体为了尽快完成工作目标，认识未统一，短期内和层级间变化较大，导致不必要的效率损失和资源浪费，不仅增加基层工作人员的负担，也使得政策实施效果与预期相差甚远。

（二）教育扶贫专业人才短缺，保障措施效用乏力

第一，教育扶贫是一项工程，也是一份使命。教育扶贫政策落地的关键是教师，但不是所有的教师都有资格，需要同时具备专业能力过硬、国家使命感过硬、统筹教书育人、担当政府"智囊团"的综合能力过硬等多

面手的教师。新疆的地理区域特征和历史文化因素，与中、东部地区存在较大差距，教育资源的不均衡给教育结果同等化本身造成了先天性缺陷。地区偏远、环境恶劣、待遇欠缺、激励匮乏、考核呆板等多方面因素致使教育者不愿意从事教育扶贫的具体工作，导致师资数量不够、质量不高、流动性大。在问卷调查中，对于"您认为在教育方面，以下哪些因素与您所在地区的贫困关系密切"这一问题，选择"当地师资不足"这一选项的比例达到36.82%。根据阿克苏乌什县亚满苏乡博孜村团支部副书记访谈内容显示，贫困地区师资匮乏、流动性大，给孩子的成长心理和教育效果都造成了消极的影响。

充足的师资力量是当地开展教育扶贫工作的基础，也是完善管理机制、确保教育扶贫实施效果的有力保障，阿克苏乌什县乌什一中民族老师访谈结果表明，对工作6个月以上的支教老师会进行相应的考核，但考核的时候大家都会碍于情面给一个很好的评价，但其实有的老师的教学成果并不理想，支教老师的管理有点宽松，教育效果不容乐观。因此，管理机制不够完善是当前新疆教育扶贫难以取得突破的一个重要原因。

第二，缺乏技术人员和统一管理机构，保障措施效用的发挥。技术人员是新疆开展技能培训的引路人，能够指导农户将较为先进的技术应用于生产实践中。在管理机构的统筹安排与合理规划下，能够提升技术人员的工作效率，确保培训工作能够取得理想结果。但在问卷调查中，对于"您认为在科技方面，以下哪些因素与您所在地区的贫困关系密切"这一问题，选择"缺乏科技专家（技术员）的长期引领"这一选项的比例高达58.81%，选择"缺乏技术推广与利用的统一管理机构"的比例达到45.57%。由此可见，被调查区域的技术人员相对缺乏，导致相关技术工作无人引领实施，缺乏统一管理结构，导致技术推广与利用的效果不明显。

额敏县党校"访惠聚"工作负责人访谈表示，部分干部思想保守，对教育扶贫正向引导的力度不足，缺乏统筹管理的能力，不能适应快速发展变化的社会环境。基于这种情况，即便农户有脱贫的意愿也掌握了较为先进的脱贫技术与技能，仍然会因为缺乏有效的领导，导致教育扶贫工作深陷无路可走的僵局。

（三）职业技能教育统筹不力，制约脱贫进程

习近平总书记多次强调："职业教育是国民教育体系和人力资源开发的

重要组成部分，是广大青年打开通往成功成才大门的重要途径，肩负着培养多样化人才、传承技术技能、促进就业创业的重要职责，必须高度重视、加快发展。"① 职业技能教育作为教育行政部门主导统筹规划，职业院校努力配合，民众积极参与，校企深度支持的多为主体协同并举实施的职业教育实践模式，是新疆民族地区脱贫之路的关键湾卡，真正能从源头上减少甚至消除贫困观念的蔓延，从而阻断贫困代际传递的恶性循环。但就目前的职业技能培训方式来看，效果不容乐观：

一是培训的时间安排不合理。现有的职业技术培训往往不具体考虑农户工作生活上的时间安排，导致培训时间与农忙时间相冲突。在调查中，对于"您是否接受过政府或其他组织的职业技能教育方面的培训"这一问题，选"没有"的占 27.95%，选"偶尔"的占 11.42%，选"接受过很少的几次"的占 40.22%，而选择经常接受培训的仅占 20.41%。玛纳斯县党校校长访谈表示，政策制定的都很好，只是落到基层才会发现有些政策确实不合实际，农牧民的职业技能培训大多安排在农忙时期，大家都很忙，但还要抽时间过来听宣讲，就会导致大家很不情愿。如果强制性安排农户暂时放弃农活、展开职业技术培训就更易于激发农户的不满情绪，职业技术培训的效果也会大打折扣。

二是职业技术培训形式单一、内容同质性较重。调查发现，"您认为目前参与职业技能教育培训最大的困难是什么"这一问题，在北疆选择"培训内容单一、针对性不强、不实用"的占 46.60%，接近总数的一半。职业技术培训的内容也多以种植培训、养殖、纺织等为主，结构相对较为单一，培训内容同质性较重。

三是语言沟通不畅阻碍职业技术培训效果。调查发现，"您认为目前参与职业技能教育培训最大的困难是什么"这一问题，全疆选择"语言不通、听不懂"的比例达到 68.77%，南疆少数民族聚集地的比例更是高达83.64%。由此可见，语言沟通不畅严重制约了当前职业技术培训工作的开展，提高被培训者的国家通用语言水平是当前教育扶贫工作急需解决的重

---

① 许锋华，徐洁，刘军豪. 连片特困民族地区职业教育反贫困的作用机制及实现保障研究 [J]. 广西民族研究，2017（06）：151-157.

要问题。

（四）教育扶贫体系尚未健全，多元扶贫资源需优化整合

构建多元主体协同参与的新格局是实现教育精准扶贫开发的适时之举，随着社会发展，政府单枪匹马不再是社会大型工程的最优策略，要切实有效地保证教育扶贫工作的实效性与精准性，社会组织是教育扶贫实施过程中的重要力量，依靠其强烈的主观能动性，可以从微观处着眼，解决教育扶贫中的存在的细节问题，从而促进教育扶贫领域相关资源的有效整合，弥补政府的短板与不足。

调查显示，对于"您是否了解社会组织教育扶贫"这一问题，选择"没听说过""听过但不了解"的分别占 5.22%、20.05%，对于"您是否了解社会组织正在开展的扶贫项目"这一问题，选择"不太清楚""完全没听说过"的分别占 20.41%、1.7%。对于"您认为社会组织参与教育扶贫的弊端有哪些"这一问题，选择"社会认知程度不高"的占 30.86%。由此可见，发挥社会组织、市场等多元主体的作用，使多方的力量在协调与磨合中形成统一，从而最大限度地实现教育扶贫领域的公共利益，形成专项扶贫、行业扶贫、社会扶贫"三位一体"的教育扶贫网络体系，多元主体的协调参与、共同治理变得越来越重要。

（五）"等靠要" 思想毒瘤尚存，教育扶贫思想执行消极

阿瑟·刘易斯指出："贫困现象应该不仅仅是一种经济现象，它更是与社会文化密切相关的心理与精神现象，经济贫困总是与文化贫困缠绕在一起，并且在一定条件下相互转换。"① 广大贫困群体的"等靠要"思想与其贫困文化心理紧密相关，所以目前教育扶贫面临的重要问题是"扶志"和"扶智"，即从思想源头认识到脱贫对个人、家庭、社会的重要性，从而纠正被动脱贫的观念，树立主动脱贫的意识。

在当前教育扶贫实施过程中，以政府为主导，确保"一个都不能少"，这是我国社会主义以民为本的制度优势写照。然而我国地域广袤，特别是新疆自古以来的多民族发展事实形成了较为坚固的区域文化特征，农户积

---

① 许锋华，徐洁，刘军豪. 连片特困民族地区职业教育反贫困的作用机制及实现保障研究 [J]. 广西民族研究，2017（06）：151-157.

极主动奋斗、争先恐后脱贫的主观意愿不够强烈，严重依赖政府救助和帮助的事实明显，"等靠要"思想毒瘤尚存，制约了教育扶贫实现经济脱贫的畅行之路。一旦脱离了外界的帮扶措施，就会有很高的返贫可能性。伊犁霍城县萨尔布拉克镇乔勒潘村的扶贫专干访谈表明，农户'等靠要'思想依然存在，有些农户认为不出去干活，依然不缺吃穿。本村基本是'低保全覆盖'，农户一有困难、一有病就回到村上、寻求工作队的帮助。

五、新疆民族地区教育扶贫的实现路径

（一）坚决全面贯彻习近平教育扶贫思想

"求真务实""知行合一""以人民为中心"是习近平教育扶贫思想的核心与灵魂。民族地区由于历史特性和现实发展形成的区域特征，凸显了"脱贫贵在立志"是教育脱贫的关键。习近平同志在《摆脱贫困》一书中分析贫困分为物质和精神贫困两种，在扶贫过程中最令人担心的是精神的贫困即"意识贫困"和"思路贫困"。我国 56 个民族共同生活在同一片祖国上，在全面建成小康社会、脱贫路上"一个不都不能少"的建设工程中，对于民族地区除了遵循国家总体方针政策外，更重要的要做好民族地区贫困农户的扶贫开发工作。要高度重视治理"精神贫困"，培养贫困农户积极、主动"我要脱贫""我要致富""我要用职业教育实现家庭永久脱贫"的精神状态，这样才能从根源上将"坐等炕头奔小康"的懒惰意识，以及"反正我家代代是贫困户"的宿命意识。通过对民族贫困地区的干部和群众进行思想根源教育，激发起他们脱贫致富"宁愿苦干、不愿苦熬"的主观能动性。

（二）职业教育扶贫向职业教育精准扶贫转变

2016 年初，习近平在重庆考察时指出：扶贫的关键是要精准，只有对症下药，才能收到成效。教育扶贫也不例外，特别是民族地区。教育精准扶贫重点开展三点：一是坚持以职业教育为教育精准扶贫的本源。教育作为育化人的思想、行为、心智、价值导向等精神方面的主要方式，所产生的教育效果最为持久且有效。教育资源在全国整体上的不均衡，造成民族贫困地区教育水平较低、教育脱贫可选择的方式更倾向于职业教育，主要原因为职业教育技术和专业针对性强、门槛相对较低、就业方向明显并且

相对乐观。二是在扶贫开发中坚决贯彻"发展教育脱贫一批",通过教育内容、教育方式和职业技术特点的多元化,对要优先脱贫的农户重点下药,在实践中总结、在总结中改进、在改进中找准致贫原因持续施治。三是职业教育精准扶贫以社会公平为导向。阶层作为社会学的重要概念在我国不同民族贫困地区之间的表现是相对富裕和相对贫困群体间自身掌握的资本和资源分布不均衡且流动性较差。在教育精准扶贫中以职业教育为重点打破阶层间资源的壁垒和隔阂,促进教育资源和致富资源向相对公平方向流动,对于维护我国民族地区和发达地区的社会公平与稳定,真正实现"小康路上一个不落下"有着积极的推动作用。

（三）优化教育扶贫政策的内在结构

政策是实践的指导和依据。科学决策的提出和贯彻,有力合理制度的制定和实施,密切依赖于决策者及制度制定者对当前时期我国民族贫困地区和贫困人口的贫困现状的详细、全面、真实、准确地了解,并将教育扶贫的政策在进一步的扶贫、脱贫实践中得以检验、修正和发展,这也是本次调查研究对新疆民族贫困地区农户实现脱贫目标的意义所在。

一是优化教育扶贫的内容和结构。综合运用"自上而下"和"自下而上"两种模式,中央统筹、地方差异化,在保证按期、保质完成实现全面脱贫和脱贫道路上一个都不能少的前提下,中央制定适用于全国通用性的政策,在具体内容和实现方式上给予地方政府充分的裁量权,地方政府在省、市（地）、县、乡（镇）各层级依据辖区内脱贫特点,差异化调整教育扶贫的内容、方式,总的来说就是充分尊重民意。民意在公共政策制定过程中发挥着重要作用,也是公共政策制定的基石。如南疆地区更青睐"内地民族班政策（内高班、内初班、内职班）"的教育提升方式,那就在南疆地区扩大内地民族班政策的受益人群规模,在一定程度上降低内初班、内高班的分数线,扩大优质教育资源的受益人群,建立内初班、内高班学生的返乡机制,让享受分数优惠的学生在正常读完高中、大学后,并返乡工作3~5年,让工作时长与工作绩效挂钩。

二是政策"一以惯之"刚性执行。民族地区对政策的准确性把握主要依靠政策制定部门的解读和官贯,要保证原汁原味、一以贯之,就是充分保证政策公信力执行的前提,避免产生政策合法性危机问题。一方面,各级政府相关部门要继续加大宣传力度，各层级重点突出与上下层之间的不同点和本层级教育扶贫的重点，让政策执行者明确知晓政策目标与政策内容，深入体会政策精神，使各级教育扶贫政策执行者在实践中要点明确、界限清晰，以此减少层级间对政策解读的差异而导致的政策变动。另一方面，建立健全地方政策信度和效度的永久追责机制。政策的制定是法律法规和民主决策决议的结果，这其中既有最高负责人的偏好，也有集体意愿的彰显。无论哪种方式，政策的制定者都要为政策的信度和效度承担永久责任。因为政策的制定是一个国家、一个地区的大事情，公信力特征直接决定了政策的强制执行性。所以，当"一时的"制定者产生信度和效度较差的政策时，就会对社会造成行政资源、经济资源和社会资源的极大浪费。但永久追责机制代表了法律的严肃性和责任性，将会减少政策变动，使得教育扶贫政策能够连续、稳定地发展，从而发挥政策效益。

（四）集中教育扶贫专业人才

一是加大对内地高校学生的宣传力度。出台择业优先、晋升优先、提高工资水平和福利待遇等激励政策，以教育机构为单位，集中选取专业能力过硬、国家使命感过硬、统筹教书育人、担当政府"智囊团"的综合能力过硬的教育扶贫专业人才深入新疆。

二是在全疆内各高校开展大学生特色寒暑假社会实践活动。建立新疆大学生寒暑假社会实践团，让参与社会实践团的大学生利用寒暑假时间回到家乡开展国家通用语言教学工作，各村委会、乡镇政府也应对大学生的社会实践结果开展定期检查，并为这部分大学生提供一定程度上的生活补贴，奖励其为国家通用语言普及所做出的贡献，在寒暑假接近尾声的时候，对其工作进行点评和打分，以此作为社会实践成果的证明。

三是完善支教管理机制。在教育局成立专门的监督机构，设立检查标准，对相关支教老师定期开展督导和检查，相应的检查结果作为年底考评的依据。对支教的人员要给予充分的择业优先权和自主权，让他们能自发主动地发挥年轻教师的活力和创造力，带动贫困地区民众对知识的兴趣和渴望，同时也让支教教师自身获得成就感和荣誉感，打造"铁打的支教、长久的支教教师"。

四是聘请对口援疆省份的专业技术人员前往当地开展短期的技术培训

工作，由此提升广大农户的技能水平，促使教育扶贫预期目标的实现。广泛开展干部的进修学习活动，为干部提供前往各地各级党校、行政学院、对口援疆省份的培训机会。一方面是要学习先进的政治理念和管理方法；另一方面是要提高基层民族干部的业务能力，通过学习 office 等办公软件，提高办公能力。

五是将相关教育政策与民族地区实际有机结合。教育部发布的《关于做好 2020 年银龄讲学计划有关实施工作的通知》，进一步要求要"加强农村教师队伍建设，充分利用退休教师优势资源，调动优秀退休教师继续投身教育的积极性"，积极鼓励与动员优秀退休教师前往新疆民族地区授课讲学，强化民族地区的师资力量，提升其教育发展水平，助力教育扶贫顺利实现预期目标。

（五）提高职业技能教育统筹力

一是丰富职业技术培训的内容与形式。在乡镇和村里采用播放相关职业技术培训纪录片的形式，定期开展职业技术培训现场观摩会、交流分享会，让经验在农户之间共享、让资源在农户之间流动。调整培训时间，农忙时节减少学习次数，相应地拉长农闲时节学习的时间，充分结合"冬季攻势"实施方案，在较为清闲的冬季大规模开展职业技术培训工作。

二是大规模开展实地操作实践式职业技能培训。职业技术培训是以专业技能知识为基础，强调理论应用于实践，从而切实提高培训者技能水平的培训方式。在具体实践过程中，通过模拟实际工作环境并使用实际案例，让农户更加直观地接受职业技能教育培训，更加便于理解和掌握相关技术知识，实现学以致用、学以致富、学以致活，全方位地拓宽农户教育脱贫实现家族脱贫的前进道路。

三是持续大力推广和普及国家通用语言。语言是沟通的桥梁，也是开展职业技能培训的基础。语言沟通问题的顺利解决，将会大大提升职业技能培训的效率，加大对推广和普及国家通用语言的资金和人才支持力度，向农户免费提供国家通用语言学习资料及开展国家通用语言学习的培训工作，统筹各方资源，联合其他部门和社会组织机构帮扶互助，为农户创造学习机会。

（六）优化整合多元扶贫资源

在全面实现小康社会和打赢全面脱贫攻坚的战役中，中国特色社会主义制度的优越性对"一个都不能少"起着决定性作用。构建以政府为主导、社会组织为有益补充的多元化教育扶贫模式，特别是对于新疆民族地区教育脱贫的效用发挥着"脚踏实地""掷地有声"的关键保障。

一是持续加强政府的主导作用。教育扶贫是物质和思想的多维系统工程，多主体参与，各要素、各系统间相互制衡、相互影响、相互作用①，必须发挥政府在教育扶贫领域的协调与统领作用，实现政府从宏观处着眼，做好新疆民族地区教育扶贫领域的顶层设计工作，协调统筹教育扶贫工作落细落实，整体推进扶贫工作深入开展。

二是优化整合多元扶贫资源。在多元主体参与教育扶贫的过程中，需要提高农户对社会组织的认知力度，实现多元主体互为补充、协同共进的教育扶贫新格局，更充分地发挥社会组织的价值。一方面通过开展大宣讲、发放宣传手册等方法宣传社会组织。另一方面由政府进行协商，邀请参与教育扶贫的社会组织成员前往当地向农户讲解自己所在的社会组织具体从事哪些工作，从而让农户认识到社会组织的优越性，让政府与其他主体协同行动形成井然有序、相互促进的治理结构，"以政府为主导、社会组织为有益补充的多元化扶贫模式"更广阔更深入地惠及广大农户。

（七）破除"等靠要"思想瓶颈

"等靠要"思想是长期在贫困文化的影响下养成的一系列消极被动心态，根源在于发展差距形成的心理依赖拖延症，农户始终认为自己不具备或者从未思考自己是否具备谋生、脱贫等方面的方法与技能。只有贫困地区的群众有了奋斗的精神与能力，他们才能真正脱离贫困，和全国人民一道，实现共同富裕，共同奔向小康。

一是要高度重视精神扶贫相关工作。通过村委大宣讲、电视广播等多样宣传手段，减弱贫困文化对贫困户的影响，树立身边精神脱贫的典型人物，让"身边人讲身边事"。同时在日常生活中加强贫困户的思想动员工

---

① 杨扬，韩潇霏. 教育精准扶贫的现实困境及应对策略 [J]. 教学与管理，2020（09）：17-20.

作，了解其"等靠要"思想产生的根源并因实施策寻求破除方法，做到扶贫与"扶智""扶志"相结合。

二是增强农户的自主脱贫能力，为拥有劳动能力的农户提供合适的工作岗位，让其通过个人劳动获得收入，从而实现自主脱贫的目标。

三是建立"道德银行"，为收入水平提升快、收入水平较高的农户增加积分。一定的积分可以兑换相应的商品，以此来激励广大农户提高工作积极性，从而让农户破除"等靠要"思想，增强脱贫内生动力。[1]

---

① 王爽. 破除"等靠要"思想　增强脱贫内生动力 [EB/OL]. (2019-12-24) [2020-07-28]. http://m.people.cn/n4/2019/1224/c1292-13528993.html.

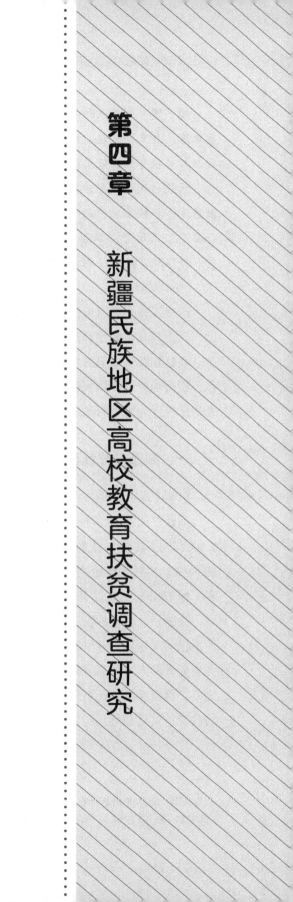

第四章

新疆民族地区高校教育扶贫调查研究

　　摘　要：高校承担着高等教育、科学研究、社会服务、文化传承的主要职责，教育扶贫理应成为高校参与社会服务重要途径。新时代，新疆高校在教育扶贫方面做了很多实践与探索，包括积极参与"访惠聚"驻村工作、开展"民族团结一家亲"活动、开展大学生社会实践、加大贫困生资助力度、积极落实"西部计划"和大学生村官政策、持续推进"三进两联一交友"活动等。新疆高校教育扶贫的实践与探索地对推进新疆精准扶贫、精准脱贫起到了积极的促进作用。

　　扶贫工作一直以来受到党和国家的高度重视，比起以往单纯的物质资助，真正具有实效性和建设性的扶贫往往是针对地区特点和短板的精准扶贫。在这场脱贫攻坚的精准扶贫战役中，高校扮演着智力支持者的重要角色。积极响应党和国家精准扶贫的政策号召，扮演好精准扶贫中智力支持者的角色，为国家打赢脱贫攻坚战贡献力量。

一、新疆高校教育扶贫的优势

（一）人才优势

　　新疆普通高等学校和成人高等学校共 48 所，普通高等学校教职工 3.03 万人，其中专任教师 2.06 万人，少数民族专任教师 0.62 万人，占 29.89%。本科院校研究生及以上学历的专任教师占 74.41%，高职（专科）院校研究生及以上学历的专任教师占 26.17%，① 其涉及不同专业领域，为国家、新疆的发展培养了一大批优秀人才。新疆地区可以依托高校所提供的人才优势开展教育扶贫活动，如新疆师范大学、伊犁师范大学作为培养教师人才的高等院校，每年能够为新疆培养数以千计的教师，除此之外，师范类院校还可以利用自身具有的人才资源开展教育下乡等活动，将教育扶贫活动落到实处。

---

① 郭关朋. 2017 年新疆维吾尔自治区教育事业发展统计公报［EB/OL］.（2018-05-07）［2019-03-28］. http://www.xjedu.gov.cn/xjjyt/sytj/2018/105865.htm.

（二）技术优势

高校教师是先进技术的引领者和研发者①。地方政府充分意识到了高校所具有的技术优势，并根据高校在技术上的差异进行针对性的教育扶贫任务安排，如农业种植、医疗救助、互联网信息、法律援助、干部培训等。如新疆高校可以对农民开展有针对性的林果业特色种植、牲畜养殖和病虫害防治的技术培训与指导，使得先进的科学技术在基层得以推广，助力培育新时代的职业农民。

（三）资源优势

教育扶贫工作是一项系统性的工作，其不仅仅需要大量的高素质人员参与，还需要一定的资金和资源。高校在教育扶贫工作中，依托自己所具有的资源优势，能够为教育扶贫工作提供最为有利的资源保障。一方面，高校拥有完备的实验设备、教学设备和场所等物质资源为教育扶贫提供了基础保障。② 另一方面，除物质资源以外，高校还具有大量的非物质资源，如远程教育资源等。高校利用教育网参与教育扶贫工作是互联网技术日益普及下的新方法，其能够打破传统教育扶贫的时间和空间限制，使高校参与的教育扶贫工作效果更佳明显。

二、新疆高校教育扶贫的实践探索

（一）新疆高校教育扶贫的实践项目

1. "访惠聚" 驻村工作

"访惠聚" 驻村工作是新疆针对当前地区发展的实际情况与形势，在2014 年 3 月提出的密切联系群众、融入群众、服务群众，践行党的群众路线的具体体现。新疆高校作为高等教育机构，积极参与新疆 "访惠聚" 驻村工作，截至 2017 年底全疆普通高等学校和成人高等学校共 48 所，其中：普通本科院校 13 所，独立学院 5 所（不单独计校数），高职（专科）院校

---

① 陈新芝，严佩升. 高校教师驻村扶贫的 SWOT 分析 [J]. 保山学院学报，2018（1）：95-97.

② 杨亚辉. 教育扶贫是高校义不容辞的责任 [J]. 中国高等教育，2017（6）：25-26.

29 所，成人高等学校 6 所。^① 48 所全疆普通高等学校和成人高等学校都设立了"访惠聚"驻村工作队，在"访惠聚"驻村工作中，积极发挥高校育人优势，积极宣传党的政策、传播现代文化、开展科技培训、推广国家通用语言、培养帮带村干部等，落实高校教育扶贫的责任担当。如新疆大学从 2014 年开始选派优秀青年教师赴南疆开展"访惠聚"驻村工作，选派人数连年攀升。其中，2014 年选派 20 人，2015 年选派 28 人，2016 年选派 28 人，2017 年选派 70 人，2018 年选派 72 人。需要说明的是，在自治区党委的推动下，自 2018 年开始，新疆积极选派高校教师到南疆地区深度贫困村开展扶贫工作，仅 2018 年新疆大学就选派了 151 人到南疆深度贫困村开展扶贫工作。

2."民族团结一家亲"活动

新疆高校按照自治区党委的决策部署，积极推进"民族团结一家亲"结对认亲活动。新疆高校积极落实"民族团结一家亲"活动，以结对认亲活动为媒介，彼此融入各自的生活，彼此学习语言、学习经验。通过"民族团结一家亲"活动，新疆高校传授先进文化、宣讲政策、讲解种植、养殖技术等。以新疆大学为例，新疆大学在南疆地区开展"民族团结一家亲"活动的干部有 800 余人，每年定期看望自己的结对亲戚，也邀请结亲的亲戚及亲戚家的儿童前往乌鲁木齐开展结亲"回访"活动和夏令营活动，从而促进了各族群众的交往、交流、交融。

3.大学生社会实践活动

新疆高校将大学生社会实践活动作为教育扶贫的途径之一，发挥大学生的自身优势，在新疆各地州开展社会实践活动。一方面可以提升大学生的社会实践能力，另一方面也可以将现代知识、文化传递给基层。一是开展"新疆学子百村行"大学生暑期社会实践专项活动。近两年，新疆团区委、新疆生产建设兵团团委每年开展"新疆学子百村行"大学生暑期社会实践专项活动。如 2017 年新疆大学暑期社会实践"新疆学子百村行"科普大宣讲服务总队一行 45 人，利用暑假半个月时间赶赴喀什地区叶城县、

---

① 郭关朋. 2017 年新疆维吾尔自治区教育事业发展统计公报 [EB/OL]. (2018-05-07)
　[2019-03-28]. http://www.xjedu.gov.cn/xjjyt/sytj/2018/105865.htm.

和田地区墨玉县、和田县等共计 20 个村开展了政策宣讲、科学普及、社会调研、法律咨询、文艺演出等志愿服务活动，累计服务人次达 5 万人，在当地引起强烈的反响。二是开展"红领巾小课堂"活动。2018 年新疆团委从全疆 12 所高校报名的大学生中遴选政治合格、品学兼优的大学生志愿者担任授课教师，在全疆 14 个地（州、市）的 1451 个基层村（社区）开办"红领巾小课堂"，包含主题教育、国家通用语言学习、学业辅导、兴趣活动、公益实践等活动。[①] 三是开展大学生"访惠聚"社会实践活动。2018 年由自治区团委决定组织了第十九期"青马班"134 名学员赴和田地区开展为期 30 天的"访惠聚"驻村服务专项活动，共覆盖各级"访惠聚"工作队 74 个。主要开展国家通用语言强化培训、"红领巾小课堂"志愿服务活动等。

4. 贫困生教育救助

加强新疆高校贫困生的教育救助力度，建立健全以国家、社会、高校为多元主体的教育救助体系，是完善教育扶贫的重要课题。对于救助的对象高校贫困生是指在普通高等学校学生中，由于家庭经济困难，无力支付教育费用，或支付教育费用很困难的学生，其中教育费用包括学费、书费、生活费和住宿费等。高校教育救助正是保障高校贫困生这一群体的基本学习和生活的政策，是由国家、学校和社会三方为主体，其任务是为高校贫困生提供各种物质和精神方面的救助，以保证高校贫困生正常的学习生活，并促进高校贫困生形成健全的人格和健康的心理。2007 年以来，中央和自治区对新疆高校家庭经济困难学生教育救助力度不断加强，财政投入力度不断加大，教育救助资金大幅增长。据统计，学生教育救助资金投入由 2007 年的 1.36 亿元，增加到 2016 年的 27.96 亿元，提高了 20 倍。教育救助人数由 2007 年的 15.5 万人次，增加到 2016 年的 215.55 万人次，增加了近 14 倍。以 2016 年为例，全年投入中央和自治区教育救助资金 27.96 亿元，其中高等教育阶段教育救助资金 6.81 亿元。2007—2016 年间，146.61 万名新疆高校家庭经济困难的学生受到教育救助，顺利入学并

---

① 蒋大尔. 新疆：红领巾小课堂走进 1451 个村 [EB/OL]. (2019-01-28) [2019-03-28]. http://www.sohu.com/a/291854437_ 243614.

完成学业，累计投入金额 42.33 亿元。①

5. 西部计划

新疆高校积极落实西部计划政策，并将西部计划作为新疆高校教育扶贫的重要抓手。西部开发是我国统筹西部地区经济发展的重大决策，通过西部大开发计划，能够打破原有区域政治、经济、文化发展的失衡状态，促进西部地区的全面提升。为此，西部大开发需要大量的高素质人员的参与，教育部、团中央对此给出了重要指示，由 2003 年开始对大学毕业生进行就业工作扶持，面向西部地区开放教育、卫生、农技、扶贫等各种岗位，对西部地区的整体发展起到了积极的推动作用。2018 年西部计划将选派 18300 名西部计划志愿者，这些志愿者均为 2018 年普通高等学校应届毕业生或在读研究生，计划选派到西部地区基层工作，该计划设立 7 个专项：基础教育、服务三农、医疗卫生、基层青年工作、基层社会管理、服务新疆、服务西藏等。截至 2014 年底，新疆师范大学就招募选拔 226 名西部计划大学生，服务新疆基层，发挥大学生优势，在西部建功立业。②

6. 其他

大学生村官、三支一扶、研究生支教团也都是新疆高校教育扶贫的主要途径。新疆高校每年都会从各个高校选拔优秀毕业生和拟读研究生前往新疆各地州开展工作和帮扶，加速新疆精准脱贫。

（二）新疆高校教育扶贫的具体做法

1. 大力培养人才，为精准扶贫提供人才保障

新疆高校为响应国家精准扶贫号召，积极培养和储备战略性人才，通过专业课程设计和理论引导，从思想上武装学生，打好理论基础，深入领会为新疆精准扶贫提供智力支持的方针内涵和要求。例如，新疆大学马克思主义学院思想政治教育专业，以促进国家和地区的发展为己任，秉承"经典之学、信仰之学、边疆之学"的良好学术传统，坚持"追求真理、崇尚科学、立德树人、服务社会"的发展理念，以时代发展的需求为导

---

① 新疆教育厅. 新疆维吾尔自治区学生资助工作十年发展报告 [R]. 新疆教育厅内部资料：8.

② 汪艳霞. 高校西部计划志愿者招募及现状调查研究——以新疆师范大学为例 [J]. 黄河之声，2014（11）：123-124.

向，做到教学与科研并举、学科建设与人才培养并重，建设有包括"西北边疆治理研究中心"在内的科研平台，深入研究地区特点和经济发展规律，充分发挥自身学术优势，主动对接国家和自治区重大战略需求，贯彻落实党中央治疆方略和新疆工作总目标，服务"一带一路"倡议，取得的积极成果得到国家、自治区有关部门的高度评价，受到了社会各界的广泛认可。学院师资队伍结构合理，拥有一批理论功底扎实、教学科研突出的学科带头人，带领学生深入研究新疆地区发展特点和国家精准扶贫战略内涵与需求，积极承担着国家精准扶贫项目建设与推进的任务，为打好脱贫攻坚战役培养和储备专业性人才。

2. 专业人才深入实地调研，提升村民脱贫主动性与积极性

为切实推进新疆精准扶贫、提供专业性智力支持，新疆高校积极安排部署专业性科研人员与教师共同深入贫困地区实地走访调研，在明确地区发展短板后提供精准的智力支持和帮助。首先，深入开展入户走访工作，主要对贫困户家庭成员、致贫原因、脱贫需求等信息掌握透彻，认真做好贫困户复核比对工作，完善贫困户"脱贫台账"，为精准脱贫打牢基础。其次，在走访的基础上，通过召开村民大会等形式，进一步核对核实情况，对不符合贫困户的坚决予以退出。对年龄大、无劳动力的要坚持纳入政府兜底的范畴，确保"两不愁三保障"。通过沟通交流，确定脱贫方向、解困目标，与当地干部共同制定出切实可行的帮扶工作计划。再次，坚持定期开展"一对一帮扶活动"，确保群众需求得以解决。根据"精准扶贫、精准脱贫"的要求，结合各村实际，听取多方意见，汇集各方思路，制定出一系列科学合理、切实有效的执行方案，并保证落地。最后，注重帮助村民从思想上脱贫。扶贫就是"扶智"，治贫要先治愚，鼓励扶贫工作者在工作中坚持扶贫与"扶智"相结合、物质扶贫与精神扶贫相统一的做法，耐心细致地做好贫困户脱贫致富的思想动员工作，教育引导贫困户克服"等靠要"的思想，帮助他们树立自食其力、自力更生的发展理念，自觉接受新技术、新思想，引导贫困户增强自强自立、自我脱贫的信心和决心。

3. 联合多方力量，以实际行动践行精准扶贫

2020 年是脱贫攻坚收官之年，为深入贯彻落实习近平总书记关于扶贫

工作的重要论述精神，进一步凝聚和发挥高校学科优势，推进高校"旅游扶贫"工作，新疆大学于 2020 年积极加入了高校组团式扶贫协作组织——高校"旅游扶贫联盟"，成为精准扶贫的智力支持者和践行者。高校"旅游扶贫联盟"成立后，会不定期举办实地培训，进一步凝聚各联盟高校力量，共同推进工作，为脱贫攻坚和乡村振兴贡献更大的力量。积极选派旅游学院负责同志参加联盟会议，并在会上汇报了学校旅游扶贫相关工作和进展。一直以来，新疆大学高度重视扶贫工作，坚持把脱贫攻坚主战场变成立德树人大课堂，发挥学科优势助力脱贫攻坚，明确由校领导牵头，将马克思主义理论学科群作为双一流重点建设学科，全面对接新疆文化和旅游产业发展。在对口支援高校中山大学的大力支持和帮助下，新疆大学成立新疆历史文化旅游可持续发展重点实验室，摸清新疆旅游扶贫具体问题，落实服务项目，主动对贫困县市深入实施智力扶贫，在当地建立农产品推广旅游产业研究院，探索"景区（景点）+政府+学校"旅游扶贫模式，通过开展中国非遗传承人群研培项目、旅游管理人员和从业人员培训等方式，提升人才专业素质和能力水平，全面促进新疆文旅融合发展，将"阿者科计划"在新疆进行复制改进，创新新疆旅游扶贫模式，切实助力"旅游兴疆"战略发展，取得积极实效。

4. 坚持扶贫先扶智，促进贫困地区人员就业

精准扶贫的重点在于针对性和根源性，只有从被帮扶对象自身内在需求着手，帮助才具有针对性。只有唤起被帮扶对象内心对于脱贫致富的渴望、激发他们的主观能动性，才能更有效地从根本上解决贫困问题。扶贫重在扶志，扶志必先扶智。对于贫困地区人民的帮扶，需要依托当地特色和发展方向，给予当地人民适应自身条件和需求的知识、技术培训，从而帮助他们掌握先进科学技术，逐渐具备自主脱贫的意识和能力。一方面，新疆高校鼓励扶贫干部和工作者在贫困地区定期开展惠民政策宣传，帮助贫困地区贫困户制订详细的学习计划，邀请专家教授开展卫生健康、林果业管理技术、蔬菜种植技术等相关农业知识，采取一系列有效的"双扶"措施，不仅提升了贫困地区人民的知识文化和技术水平，更激发了贫困户脱贫致富的内生动力，增强贫困户自主创业的积极性。另一方面，重视加强贫困地区人民的就业，通过促进就业保障民生之本。高校驻贫困村工作

队始终把就业作为农民增收、农村富裕的重点，鼓励村民在发展产业的同时转移就业，把"副业"搞起来。经过不断的"人岗对接"，学校驻村工作队工作人员与贫困县内外的很多企业达成了用工协议，帮助一部分村民实现了稳定就业。对于一些不愿外出就业的村民，工作人员在村委会建设了包括超市、餐饮、修鞋铺、农机维修铺等不同类型的小店铺，吸引村民自主创业、就地就业，并积极为贫困户和残障人士提供就业岗位，促进全村实现"一户一就业"，依靠自己勤劳的双手和智慧的大脑，实现自主脱贫、自我发展。

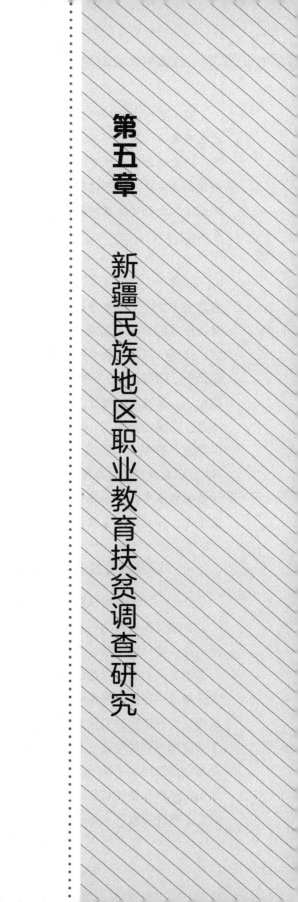

第五章

新疆民族地区职业教育扶贫调查研究

摘　要：本章从职业教育的相关理论出发，详细介绍了新疆职业教育的发展现状，通过科学的调查与研究，找出新疆职业教育存在问题的原因，提出完善各项扶贫政策、加大职教资金投入、增强职教人才储备、创新职教办学模式、强化职业院校改革力度及设立专业化的职业培训六项优化新疆职业教育扶贫问题的有效对策，从而提升本区域职业教育的整体发展水平。

职教一人，就业一人，脱贫一家。我国职业教育在"十三五"期间脱贫攻坚中发挥了重要作用。近年来，我国职业教育不断敞开大门，让一批又一批贫困学子"进得去、上得起、学得好、有出路"。数据显示，近年来，我国已有 8 万余个民族地区的家庭受益于这一免费职业教育计划。在调研中，我们发现，一些贫困家庭的发展动力不足，就是因为缺乏职业技能培训。通过职业教育的培训，贫困人口掌握一技之长，拥有安身立命的本领，实现"造血式"扶贫，这更有助于帮助贫困人口稳定脱贫，从根本上拔除"穷根"。我国脱贫攻坚的实践充分证明，作为教育扶贫的"排头兵"，职业教育扶贫是见效快、成效显著的扶贫方式之一。新疆地越辽阔，少数民族众多，由于其自身发展的独特性，迫切需要在本区域开展教育扶贫工作，并利用专业教育能力为新疆与国家提供更多专业人才。

一、职业教育扶贫的理论基础与现实诉求

（一）职业教育扶贫的理论基础

在和贫困有关的一系列理论中，比较典型的有动态贫困理论、能力贫困理论、贫困循环累计理论。其中贫困循环累计理论是在瑞典经济学领域著名学者冈纳·缪尔达尔所提倡的循环累计因果理论的基础上形成的。该理论指出，在社会体系中的各个因素是相互作用、相互关联的，其一同构成相互发挥作用的完整的循环体系。把该理论引进到贫困事业中，则形成了贫困循环累计理论，基于此构成两种极具独特性的贫困循环方式：其一是在经济发展水平低下的地区，人们经济收入少、生活环境恶劣、身体素质差，从而致使工作成效不理想，经济收益少，最后导致贫困不断积累；其二是在经济发展水平较低的地区，人们经济收益少、文化素质低、工作

技能低下，进而致使经济收入较少，基于此贫困状况一直无法得到改观①。而职业教育是一种提高就业率、改进群众生活质量、促进经济发展的有效举措，开展职业教育的目的是依托教育提升群众工作技艺，提升社会生产水平，改变贫困代际传递状况。学者阿马蒂亚·森（Amartya Sen）经过对贫困现象进行深入探究提出了一种著名理论——能力贫困理论。其指出贫困的实质并不是较少的经济收益，其实质是可行能力的抢夺，也就是贫困个体缺少让自我需求得到有效满足的能力，包含社交能力、自我控制能力、智力等在内的综合能力②。该理论所发挥的作用主要体现在其指出消除贫困的重点是重视贫困个体自身能力的提升，消灭或者改变贫困现象，不可单单依托政府投资或者提供物质援助，其所提出的这种改变贫困的理念和职业教育脱贫的思想一致，也就是经过提供相应的教育资源，让贫困个体具有提升自身综合水平与满足自我实际需求的能力，采用"授之以渔"的方法让贫困人员脱离贫困境地。动态贫困理论是目前精准扶贫活动开展所参照的一个主要理论。学者赵锐等认为，动态扶贫的目的是对各贫困人员的实际贫困情况加以动态辨识，为贫困人员制定恰当、科学的扶贫方略，对于贫困人员实施动态监测体系，提高贫困人员改变自身境况的综合能力③。职业教育的实施目的是为各种境况中的贫困群众提供和其需求相一致的教培活动，提升其获取经济收益的能力，帮助其脱离贫困。从这可以知道，职业教育扶贫是从根本上改变贫困人员贫困境地的有效方法，依托教培活动提升贫困人员工作的技能水平，改变贫困代际传递现状，进而达成脱离贫困、大幅提升收入水平的目标。

（二）职业教育扶贫的现实诉求

1. 满足新疆教育发展的现实要求

新疆南疆地区的经济发展较为落后，职业教育也不可避免地受到影

---

① 王秀华. 职业教育精准扶贫的理论基础、价值主线与实践突破 [J]. 教育与职业，2017（21）：16-22.

② 王三秀，罗丽娅. 国外能力贫困理念的演进、理论逻辑及现实启示 [J]. 长白学刊，2016（5）：120-126.

③ 赵锐，眭睦，吴比. 基于动态贫困理论视角的精准扶贫机制创新 [J]. 农村经济，2018（1）：56-60.

响。为加快其扶贫速度，教育相关部门应进行针对性的改革。受环境、资源与人口等条件的制约，南疆地区的经济发展成效不明显，在各项改革中，教育改革又占据着重要位置，是一切改革的基础。在此次问卷中，77.6%的受访者表示自己所在地区迫切需要接受教育扶贫。例如，南疆地区的占地面积较大，资源丰富，但人们的整体素质普遍偏低，在此区域开展新型职业教育就可以真正解放头脑与思想，在提升受教育者整体素质的同时，促进该地区经济社会的快速发展，有效增强民族团结，为社会发展提供更为安定、和谐的环境。在此次问卷调查中，汉族占8.8%，少数民族占91.2%，拥有初中以下文化程度的人口高达77.6%。而在被问到家庭主要收入来源时，有72.9%的家庭收入来源于田园种植或者畜牧养殖。因此，大力推行职业教育，不断提高受教育者的文化素质和专业技能是推进新疆扶贫工作的现实要求。

2. 提高新疆地区的发展潜力

若要加强区域发展就要进行统筹推进、统一规划，将人力资源的独特优势发挥出来，当前扶贫开发的重点已由单纯的经济增长转变为以百姓利益为重、以人为本，利用政府执行的多种举措，将人民群众的创造性与积极性调动出来。在开展扶贫工作时，相关职能部门要将职业教育与扶贫攻坚高效结合，实现优质资源的转换。在调查问卷中，当被问到接受各种知识和技能教育能带来哪些好处时，72.1%的受访者认为法律意识和道德意识会增强，69.1%的受访者认为更好找工作，56.3%的受访者认为收入会更高，51.6%的受访者认为能够为孩子提供更好的家庭教育，41%受访者认为知识可以改变命运。由此可见，职业教育不仅可以帮助贫困人口改善生活状况，而且可以促进当地经济的发展。通过职业教育的改进可加快实现部分地区的经济总量增加、产业链延伸与产业结构调整等目标，将职业教育的潜力挖掘出来，使人才资源的潜力转变为能力，切实推动该区域整体的经济发展①。

3. 为新疆地区农牧民的增收提供便利条件

新疆部分地区的经济来源仍以农牧业为主，尤其是南疆地区。为增加

---

① 王鹏程. 新时期新疆地区职业教育办学现状及问题研究 [J]. 科学大众（科学教育），2020（01）：163.

从业人员的收入，相关教育部门需大力开展职业教育。农村职业教育的发展与农民增收、农业持续发展的关系极为紧密。在此次问卷调查中，49%的受访者表示愿意参加种植、养殖类的技能培训。当前新疆农业已顺利实现现代化，该地区的部分劳动力会转移到其他行业中，并服务于服务业或其他各乡镇企业，这也为农村当前劳动力提出了更高的要求。利用职业教育的发展，加强农民的农业参与形式，在学习职业技能的过程中既能增强文化素质，适时缩减农业的生产成本，在提升劳动生产率的情况下推动区域经济发展，又能为农民带去更多的专业技能与知识，为其创收与致富提供便利条件，使其拥有更强的社会适应力。

二、新疆民族地区职业教育发展的现状

（一）职业院校发展数量的不平衡

当前新疆职业教育的发展有着严重的不平衡性，部分区域的职业院校发展程度高，而南疆等少数民族地区的职业院校数量极少，且学院提供专业技能的针对性不强，师范类专业较多，而与社会经济发展极为紧密的种植、养殖等专业相对较少，在专业设计与区域院校分布双重不平衡的情况下，极大制约了新疆整体经济的发展。此外，较少的学院数量也降低了该区域的受教育程度，在开展扶贫工作时受技能、观念影响降低了扶贫开发的发展速度。

（二）职业院校师资力量薄弱

由于专业院校较少，师资队伍的整体建设也并不完善。众所周知，人才培养与提升的关键在于良好的师资队伍建设，在改进职业教育师资力量时，要充分评估该区域的办学效益与农牧民素质。新疆职业院校的发展并不平衡，南疆地区的师资力量较为薄弱，掌握双语教学的教师更是少之又少。在问卷调查中，69%的受访者表示目前参加职业技能培训最大的障碍是语言不通，听不懂老师讲授的内容。教师数量较少的同时也导致其工作压力与工作强度较大。由于本地区的办公条件差、薪资待遇低且工作任务重，难以吸引新生力量的加入，还会加快已有教师人才的流失，教师队伍也并不稳定。在问卷调查中，36.8%的问卷参与者认为当地师资力量不足是影响本地区脱贫致富的重要因素。此外，新疆职业院校的教师除了数量

较少，其结构也并不合理，实习指导教师与专业课教师的数量出现严重失衡，且两者的数量都呈现下降趋势，给学校的办学质量与教学水平都带去较大隐患，同时也影响了部分农村职业教育的持续性发展。

（三）相对滞后的职业技能培训

在此次问卷调查中，有46.9%的问卷参与者指出，对非农劳动力就业缺乏技能培训，31.1%的问卷参与者认为对农民缺乏生产技能培训，16.2%的问卷者认为对扶贫干部、社区扶贫精英缺乏培训与培养，有40%的问卷者表示仅接受过很少的几次政府或其他组织的职业技能培训。一方面，职业院校的教育重点是为了提升学生的专业技能，增强其就业能力，为新疆或国家的经济建设作出自己的贡献。具体来说，南疆地区的职业教育发展较落后，导致其人力资源的开发能力不强，其主要原因在于职业技能培训的针对性不强，导致就业培训效果不明显，差强人意。由于新疆部分地区仍然有大量的劳动力需求，职业教育改革的愿望很迫切，对于农村劳动力来说，专业技能不足给其农业生产效率造成了极大的影响，部分地区出现劳动力向外输出或转移的现象，降低了该区域的经济发展。

另一方面，在开展职业教育的过程中，教师应加强学生实践性的培养。在此次问卷调查中，68.9%的问卷参与者希望职业技能培训的方式应该具有实地操作实践性。在此类教育中，将教学理论与实践高度融合，增强学生的就业能力与专业技能水平。部分院校由于自身的师资力量较薄弱，教师的职业素养偏低，授课方式也更为传统，导致降低了学生的学习兴趣与专业水准。因为缺乏社会化的技能培训，部分农民的种植水平较低，在影响自身经济收入的同时，也阻碍了新疆整体的经济发展，所以，新疆应以职业教育为契机，通过革新职业教育来增强区域间的扶贫效果。

三、促进新疆民族地区职业教育扶贫的对策建议

（一）完善各项扶贫政策

扶贫开发属系统性工程，具有长期性、持久性等特征。在问卷调查中，有74.1%的问卷参与者认为，政府是当地教育扶贫的主体，有13%的问卷者认为教育资助政策不全面。所以，政府相关职能部门应逐步完善各种扶贫政策，利用职业教育改革的契机，有效促进该地区的贫困开发工

作，在开展扶贫工作的过程中将职业教育的改进放在首位。

一方面，新疆部分地区由于经济水平较为落后，政府相关部门未能重视职业教育的发展，对其规划与管理也并不专业，导致部分地区的职业教育水平较低。针对此类现象，政府部门应加大引导与组织作用，在社会中加强对民众的宣传，对于职业教育的发展水平，也要加大投资力度，通过多项目投资来改善相关区域的职业教育现状。与此同时，在法律法规的建设上，相关部门也需不断改进与职业教育相关的立法工作，政府部门应明确教育发展的重要性。只有良好的教育才能促进新疆的经济发展，改变该地区个人与社会的教育观念，在重视教育水准的同时，适时革新其内部的职业教育，从而打造出适应社会发展的人才培养新格局。

另一方面，新疆政府部门可将职业教育的优化与发展看作是促进脱贫工作的有效途径。在问卷调查中，有 63.7% 的受访者十分赞同"以政府为主导、社会组织为有益补充的多元化扶贫模式"。在加大教育宣传的同时改进各项制度，并将制度建设当作内部工作的重要考核指标。该区域在提升职业教育能力的同时，随着职业人才的增长，也会促进扶贫工作的发展与完善，加快新疆经济建设的步伐。

（二）增加职业教育资金投入

在发展职业教育的过程中，拥有足够的资金支持十分重要。具体来说，新疆部分区域由于自身经济发展能力较弱，在开办职业教育院校期间会出现诸多问题，如基础设施的配置、培训系统的完善或人才能力的实践训练等，政府或相关部门应根据当前新疆经济发展的现状，适时给予资金支持。比如，各区域在加快发展扶贫教育的同时，要增加对职业教育人才的培养，提升教育培训整体的投入力度，利用相关培训系统顺利完成区域性劳动力的技能转移，加快人才培养的速度与效果。同时，针对职业院校的内部学生，学校管理者应通过多种调查方式掌握每名学生个人实际情况，若该学生属贫困生，更是要足额发放其国家助学金，对于其食宿给予适当的补贴；如有必要，贫困学生的各类学杂费也可适当免除。此外，政府或有关部门还要加大支持与鼓励力度，让社会中的更多个体或企业参与到职业教育的扶贫工作中，并借助大量教育经费的投入，设置与职业教育相关的培训基金，使资金的投入机制更为多元，逐步改进职业学院整体的办学条件，当地政府还可设立培养职业教育的投资平台①。

近几年，新疆以贫困地区为重点，建立了自治区、地（州、市）、县（市、区）和学校四级学生资助管理体系，把"精准资助"理念贯穿学生资助工作中，在资助对象上确保精准，将贫困家庭学生、孤残学生、低保家庭子女等7类人群纳入资助范围。据统计，2019年全区共拨付资助资金76.2亿元，惠及学生480.6万人次②。

（三）加强职业教育人才储备

随着扶贫工作的快速推进，无论是新疆的经济发展还是职业教育水平都已取得明显进步。在对口援疆的机遇面前，不仅要充分利用部分对口援疆省市提供的技术、人才、资金支持，还要从内地发达地区学到更多的职业教育革新的经验，增强职业教育思路的创新。此外，新疆各区域间在开展经济联动的同时，针对职业教育的发展也应适当加强区域间合作。各区域可建立相互连接的教育培训基地，增强落后地区的教育支持力度，及时整合内部教育资源，改进农村地区的人力资源开发水平，促进区域间的就业水平，全面增强教育资源的使用率，给新疆落后地区带去更强的发展潜力与经济活力。部分区域应时刻加强职业人才储备，提升职业教育的教授水平，在推动职业教育发展的过程中，促进区域间的经济增长③。

（四）创新职业教育办学模式

新疆部分地区在开展扶贫工作期间，应借助当前国家的教育系统改革，来创新自身的办学模式，促使参与主体更加多元化。其一，部分经济条件稍弱区域的职业教育评价仍采用学历制，相关管理者可用学分制代替学历制，并高效结合专业知识与职业技能培训、学历证书与职业资格证书等，全面提升职业学院的教育素养。其二，在政策与资金的支持上要主动倾斜于农村，降低该类生源的教育与支付成本，为其提供更好的学习与就

---

① 张莉初. 新疆职业教育现状与对策分析——以乌鲁木齐市为例［J］. 乌鲁木齐职业大学学报，2020，29（03）：44-47.

② 农业农村部. 扶贫扶智点亮未来——新疆精准推进教育扶贫［EB/OL］.（2020-05-15）［2020-12-10］http://news.sina.com.cn/o/2020-05-15/doc-iirczymk1785468.shtml.

③ 李自臣，刘江越，陈梅. 新疆职业教育大数据技术实训环境构建研究［J］. 黑龙江科学，2020，11（05）：20-22.

业机会，加快农村富余劳动力的转移速度。其三，对于当前职业院校的教育观念来说，其内部管理者也应适时改变，借助市场观念来发展当前的职业教育，不仅要扩充本区域的就业市场，还要及时走出去，看到外面省、市的经济市场，让学生看到更多的就业机会，利用不同类型的校企合作来改进学生的职业技能水平，通过跨区域联合办学，全面增强新疆地区的教育质量，切实改善扶贫效果①。

（五）强化职业院校改革

为加快产教融合，区域管理者应不断强化职业院校的改革力度，具体来说，若想增强产教融合，需调动出多方力量，也就是让各个参与方都能做得到利益共享、责任共担。第一，相关部门应时刻加强政策的引导作用，创新院校教育发展模式，深度开展产教融合，利用规章制度来完善各项政策，将区域性人才培养放到与民生改善、经济发展的同等位置上。同时，政府部门还应鼓励更多企业深入到职业学院教育中，完成人才培养的全过程，并借助不同的行业组织的作用，深度评估产教融合的效果，将结果及时反馈到有关部门，有助于给政府政策导向的调整提供理论依据与数据支撑，并有效增强区域间合作质量。第二，在实行职业院校改革的过程中，相关部门为优化改革效率，可挑选对应的试点院校，其需具备的主要素质为办学方向较清晰、产业或专业的对接较灵活，再通过产权界定与资产评估后，利用市场化方案，招来更多的企业与社会资本的投入，使办学资产趋向多元化，延展职业教育的发展路径，在改善人才培养质量的同时，让新疆地区的职业教育实现有效跨界。

（六）设置专业化的职业培训

增强新疆区域间的教育与扶贫水平，相关部门应构建出更为专业的职业培训，加强民生改善与社会稳定。一般来讲，随着教育课程的大力改革，职业教育内部的各项制度已趋于完善，在职业教育内容中拥有良好的培训系统较为重要，通过系统的职业培训确认各个院校的社会责任。政府部门应明确财政、人社与教育部门的培训内容，通过良好的教育培训增强

---

① 肖玉东，金葵. 职业教育助力贫困地区"造血生肌"的探索与实践 [J]. 智库时代，2020（06）：256-257.

职业院校学生的就业、创业的水平，使职业教育的办学格局变为技能培训与学历教育并重①。

在开展技能培训的过程中，针对失业人员需为其设计与再就业相关的就业培训，为其提供充分的就业服务与职业指导。政府部门还需与新疆本土企业合作，开发出新型创业项目以帮助高校毕业生、残疾人、普通职工、农民工与退役军人等完成就业。同时，对于大龄失业人员、长期失业青年或农村留守妇女，有关部门可创建出针对性强、易就业、需求大或周期短等的培训项目，有助于提升该区域整体的就业水平。针对社会需求量较大的行业，如快递、电商、育婴、护工、养老与家政等也要开展一定的技能培训，在满足社会需求的同时，也增强新疆地区整体的经济发展，加快扶贫速度。此外，随着信息技术的快速发展，联合网络如智慧城市、智能建筑、物联网、云计算、大数据或人工智能等也会运用到工业、农业、服务业中，部门管理者应与时俱进，在职业院校中开展此类新技术的培训。

综上所述，在国家与政府部门的大力帮助下，新疆职业教育的整体水平逐渐在提升，相较于省、市发达地区，其教育水准仍处在不断上升发展过程中。新疆政府也以借此为契机，优化教育扶贫工作，在加强区域间协调发展的同时，促进新疆经济的整体发展。

---

① 王颜. 民族地区职业教育扶贫与产业发展的协同研究——以新疆克孜勒苏柯尔克孜自治州为例 [J]. 中共伊犁州委党校学报, 2019（04）: 66-70.

第六章

新疆民族地区社会组织教育扶贫调查研究

　　摘　要：教育扶贫是激发新疆扶贫内生动力、保证新疆贫困地区脱贫长效性的重要工作，通过社会组织筹集慈善资金发展基金教育扶贫是对政府教育扶贫工作的重要补充。在此背景下，收集汇总一系列数据和访谈记录，列出当前新疆教育基金会等社会组织的发展现状，从政府管理制度、政社信息资源交流、基金组织教育资金筹措、帮扶方式及对象四个角度分析基金教育组织面临的问题，并针对问题提出了相应的对策建议。

一、引言

　　改革开放以来，我国在党和政府的总体规划和政策推进下开展了大规模的扶贫开发且取得了显著成就。为了保证现有脱贫成果的长效性，教育在我国减贫事业中的作用越发受到重视。对长期深度贫困的地区而言，如何筹措充足资金资源用于文化教育是一大难题，传统的方式是依靠政府"输血"，而通过社会组织、利用慈善基金发展"基金教育扶贫"则为破解这个难题提供了新的思路和方法补充。

　　2020年10月，新疆莎车县等10个拟摘帽县已消除绝对贫困情况①，评估结果显示，10个贫困县综合贫困发生率均为0，低于3%的国家标准，错退率、漏评率不明显，贫困退出质量较高；群众认可度均超过90%，贫困退出认可度较高。经国务院扶贫办同意委托的第三方评估牵头机构认为，喀什地区莎车县、叶城县、伽师县、英吉沙县，和田地区墨玉县、皮山县、策勒县、于田县、洛浦县，克孜勒苏柯尔克孜自治州阿克陶县退出程序规范完整，符合贫困县退出标准和条件。新疆全区已实现绝对贫困的消除。新疆扶贫成果可喜可贺，但未来脱贫内生动力的进一步激发和"文化润疆"工作的开展需要新疆进一步补齐落后地区教育短板。新疆政府要想更好地进行教育扶贫，也需要借助各方力量。因此，研究以新疆的基金教育组织为重点，探索在全面小康新形势下新疆基金教育组织如何在教育扶贫中发挥更大的作用。

①　新疆维吾尔自治区人民政府. 关于莎车县等10个拟摘帽县贫困退出情况的公示［EB/OL］.（2020-10-19）［2020-10-25］http://www.xinjiang.gov.cn/xinjiang/tzgg/202010/33bfaf178c4648fc8e1983b940e7f704.shtml?from=timeline.

二、新疆民族地区的社会组织教育扶贫的现状

（一）社会组织教育扶贫在政府主导模式下具有一定影响力

新疆政府拥有人力、财力、资源信息集中的优势，所以成为新疆脱贫攻坚任务的主要承担者。政府的服务性、人民性使其相对于其他扶贫主体而言有更多的接触群众、深入群众、和群众交流并帮扶贫困群众的机会，而且不计回报。因而新疆政府在困难群众心中的地位很高，这是长期以来新疆政府始终如一扶弱济困的结果。

单从教育扶贫方面来看，在从向全疆七个地州中的对象村落或社区发放的调查问卷所统计出来的数据结果中可以发现，大多数当地百姓心中的教育扶贫的主体是政府或是有政府背景的其他组织。这与填写问卷的群众的文化程度确实有一定的关系（超过三分之二的人是初中及以下学历），这也能反映出政府承担了新疆扶贫攻坚一线的绝大部分任务。

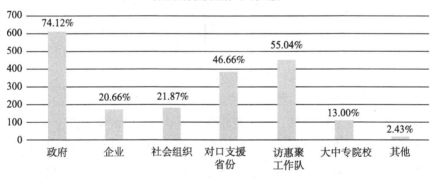

新疆教育扶贫主体（可多选）

图6-1　受访群众心中的新疆教育扶贫主体调查

但在新疆政府为主导的教育扶贫模式下，类似于教育基金会这样的社会组织同样在教育扶贫中占有一席之地，从柱状图中可以看出，调查对象中21.87%的人认为社会组织是新疆教育扶贫的主体。另外，在关于"您或您的孩子在校期间是否接受过社会组织的相关资助"的问题调查中，68.04%的受访对象是接受过教育基金会这样的社会组织的资助的。虽然新疆政府主导着新疆教育脱贫，但社会组织同样也发挥着不小的作用。

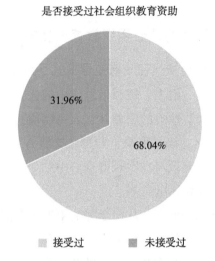

图 6-2　受访群众中接受社会组织教育资助情况调查

（二）新疆社会组织发展的政策法规环境仍有待优化

2013 年 11 月 12 日，中国共产党第十八届中央委员会第三次全体会议通过了《中共中央关于全面深化改革若干重大问题的决定》。① 《决定》指出："重点培育和优先发展行业协会，商会类、科技类、公益慈善城乡社区服务类社会组织，成立时直接依法申请登记。"此外，自治区也有面向社会组织的地方性法律政策，如自治区民政厅、财政厅出台过《关于促进公益慈善类社会组织发展的意见》《关于鼓励社会力量兴办民办非企业单位的意见》等一系列相关文件，为新疆社会组织发展提供政策支持，这的确有益于新疆基金教育组织的建设、管理和对项目的参与。一方面，我国社会发展日新月异，社会组织逐步进入中高速发展期，新疆很多社会组织仍处于发展初期或是遇到了发展中的瓶颈，面临着规范程度不高、运作困难的问题，所以新疆政府仍需继续出台符合当前新疆社会组织变化着的需要的政策文件。"因为首先这个新疆的社会组织的这个行业的规范化还欠妥当。政府应该去出台一些文件或者支持性的一些文件或规范性的文件，来适当

---

① 王琦. 中共中央关于全面深化改革若干重大问题的决定 [EB/OL]. （2013-11-19）[2020-10-20] http://www.scio.gov.cn/m/32344/32345/32347/32756/xgzc32762/Document/1415757/1415757.html.

的支持扶持引导我们社会组织。"（与深喀社工站董站长的访谈记录）

另一方面，各类政策的落实成效还需要关注，① 地方微观措施落实和中央宏观政策激励有所出入，地方政府对社会组织仍然持保守态度，尤其是对于新疆而言，脱贫攻坚任务艰巨，政府在履行完医疗、低保等份内职责后，社会组织方面的工作似乎没有那么重要，没有专门的资金或者是只提供少量的资金去扶助社会组织发展，所以好的政策难以落实或是在落实的时候达不到其本身具有的社会效益。

"现在中央每一年都有各种政府报告，各种与社工有关文件都在发，落到地方的话，根本就没有什么实际的意义。地方还是原地踏步走，甚至还在倒退，有可能根本就没有什么实质性的影响，只是发了个文件而已。所以我觉得这个可能跟政府整体有关，这种对政府来说可能是可有可无的，并没有像民生保障，就像低保啊、医疗必须纳入政府的计划当中，既有政策保障，也有经费保障。那社会工作这一块呢，天天摇旗呐喊，只知道喊一下，又没有钱，所以地方可做也可不做，对地方来说也没有什么大的问题。所以我觉得这个政策没有落到实处，尤其是在地方。"（与深喀社工站董站长的访谈记录）

正如访谈中所提到的，政府有自己的计划，尤其是新疆政府还肩负着决战脱贫攻坚的任务，所以对社会组织的关注度以及资金帮扶力度有限，这是可以理解的。但仍需考虑到消除绝对贫困后的新疆扶贫工作，在国家服务型政府改革的潮流下，新疆不可能永远保持着政府压力型模式，社会组织早晚要挑起精准扶贫的大梁。所以，在新疆社会组织还处于发展初期的当下，其政策法规环境仍需不断优化，使其能够茁壮成长。

（三）新疆基金教育组织数量上具有巨大发展空间

从中国社会组织公共服务平台提供的数据来看，② 2011 年至 2020 年，新疆社会组织数量不断增加，从 2011 年的 4382 家增长到 2020 年的 8213 家。在 2020 年的 8213 家新疆社会组织中，社会团体有 4352 家，占比 57.04%；民办非企业单位 3222 家，占比 42.49%；基金会 36 家，占比

① 曾永和. 上海社会组织的转型与发展 [J]. 中国社会组织，2019（03）：51-58.
② 中国社会组织公共服务平台. 社会组织区域发展情况 [EB/OL].（2020-10-20）
　 [2020-10-20] http://data.chinanpo.gov.cn/.

0.47%。通过新疆社会组织公共服务平台的地图查询功能查到的新疆教育基金会为新疆溢达杨元龙教育基金会一家，其他基金组织当然也有在教育扶贫方面的项目，但目前可查询到的专门进行教育帮扶的基金会只有上述的一家，因此新疆的基金教育组织在新疆社会组织蓬勃发展的大环境下，在数量上还拥有极大的发展空间。

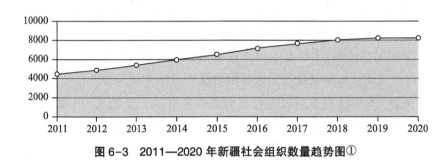

图 6-3　2011—2020 年新疆社会组织数量趋势图①

表 6-1　2020 年新疆各类社会组织数量状况②

	社会团体	民办非企业单位	基金会
数量（家）	4352	3222	36
占比（%）	57.04	42.49	0.47

新疆的地方教育基金会数量较少也有其特殊原因，在我们与深喀社工站董站长交流的过程中，她也分析了这个现状的形成原因。

"教育基金会在新疆，一方面，新疆的教育从孩子出生到高中结束，都是政府全包。不需要孩子操心，他们只需要自己的生活费用，所以就不存在这个助学款的这个问题。另一方面，新疆的整个教育基金会本来就少。如果是资助的话，需求量很少，除非上了大学，需要资助，但是高中以下基本上是不需要资助，都是政府全包。所以基金会没有拓展在这一块的业务，因为没有这个市场，所以教育基金也不会太多。还有就是服务类的教育基金会在新疆的发展还不成熟。"（与深喀社工站董站长的访谈记录）

---

① 中国社会组织公共服务平台.社会组织区域发展情况［EB/OL］.（2020-10-20）
　［2020-10-20］http://data.chinanpo.gov.cn/.
② 同上。

从访谈中可知，一方面，资助类的教育基金会缺乏资助的市场，新疆政府已将孩子从小学到高中的学费全部包下，大学中的各类国家或自治区的奖助学金也可以资助一部分困难学生；另一方面，服务类的教育基金会在新疆的发展还并不成熟，还欠缺提供服务的能力。两方面的原因导致新疆基金教育组织在数量上还有待增加。随着边疆贫困问题的深入解决，新疆政府的财政支出重点也会有所变化，其资助模式终究是要转变的，无论是资助类还是服务类教育基金会也都需要不断壮大，所以仍有必要将"基金教育组织数量发展空间大"这一现状阐明，不能因为当前政府承担了大部分教育扶贫工作而忽视教育基金组织的这一现状，新疆需为未来的转变做好准备。

（四）基金教育组织资金监管到位、风气较好

新疆基金教育组织在其扶贫资金使用的监管上能采取针对性的、制度性的防范措施。针对基金教育扶贫资金使用中出现的违法违规问题，如截留、挤占、挪用、随意调整基金教育扶贫资金等，新疆基金教育组织能给予高度重视与关注，在日常工作中搞好扶贫项目资金的专项督察和检查，做到项目实施过程中有评估、有监督、有检查验收和跟踪问效，确保资金不折不扣地落实到项目上。[①] 以新疆溢达杨元龙基金会为例，新疆溢达杨元龙基金会作为新疆首家以企业发起的从事教育方面的基金会，建立了财务管理、项目管理、信息公开管理、重大事项报告等基金会制度，同时在官网上公开了自身年度报告、财务报告和审计报告，详细列出了基金会的资产状况、现金流量状况、接受的赠款的使用去向等信息，不同项目的资金分配状况也会在项目专栏里以表格形式列出供社会公众监督。此外，在新疆社会组织公共服务平台上也可以看到，在新疆地区与教育密切相关的慈善基金组织中，没有一家出现在近两年的活动异常名录和严重违法失信名单中，可见基金教育组织在自我监督上还是比较严格的。

---

① 佚名. 新疆溢达杨元龙教育基金会基金会制度［EB/OL］.（2019-10-20）［2020-10-20］http://www.xjeylyef.com/about.asp?title＝％D0％C5％CF％A2％B9％AB％BF％AA％B9％DC％C0％ED％D6％C6％B6％C8.

三、新疆民族地区社会组织教育扶贫存在的问题

（一）当前政府管理制度的限制

新疆地区的教育脱贫整体上是处于政府主导的模式，社会组织得不到发挥空间。一方面是因为边疆特殊形势使新疆政府必须增强自身存在感，另一方面是由于公共服务型政府改革还不彻底，尽管《中共中央关于全面深化改革若干重大问题的决定》指出了"重点培育和优先发展行业协会，商会类、科技类公益慈善城乡社区服务类社会组织，成立时直接依法申请登记。"积极鼓励自下而上的扶贫社会组织的发展，但基金教育组织在后续的管理检查上，仍然面临着复杂的双重管理体制，基金教育组织要么得不到参与教育扶贫正式身份，要么在应对政府的各项制度考核中逐渐行政化，丧失了社会组织的灵活性。当其真正能参与到农村教育扶贫的实践中去时，也面临着政府的制度约束。

除了双重管理制度外，民政部门对社会组织的年检制度同样存在问题，考核的内容给社会组织带来了很大的困扰。

"年检的时候看三个方面的工作：第一，党建，社会组织有没有做党建工作。第二，看有没有参与消费扶贫，因为他们都有自己的扶贫的村，然后他们会组织社会组织去消费扶贫，有没有把买贫困村的东西这个工作纳入你的整体的计划当中。第三，年度审计报告，像我组织的年度审计报告，它就结合这三个方面，这么几年下来，这三方面是他们考核的重点内容。党建、扶贫确实是政府的重点工作，肯定要把一切力量都会集中往这个方向去引导。但是这样确实对我们社会组织这有一些影响。"（与深喀社工站董站长的访谈记录）

新疆政府的重点工作是党建以及扶贫，这完全没有问题。但无论是社工站还是基金会都属于社会组织，而并非是政府中某个部门，所以在对社会组织的年度考核中仍将这两点作为考核重心显然是不合适的，政府内在潜意识中没有将社工站、基金会等社会组织作为扶贫的重要力量之一，而且也没有外在的制度规定将政府工作成效与社会组织发展工作状况挂钩。这就使政府在考核社会组织工作时还是从自身利益和需要出发，使社会组织工作成为自身工作的补充而不关注其独立工作的成果和遇到的

困难。

　　总而言之，政府仍是将参与教育扶贫的各个基金组织当作管理对象而非是平等的伙伴，管控太多而切实的商讨和帮扶太少。

（二）信息资源掌握不充分

　　新疆政府在新疆的教育扶贫中发挥着统筹主导作用。一方面，新疆政府可以调动政府内部人员或者是高校人员进行信息采集工作，详细记录教育扶贫中所帮扶对象的经济状况、学业状况、就业状况等与扶贫成效相关联的信息，进而有目的性地给出下一步的对策建议。另一方面，教育扶贫政策的宏观信息也在其掌握之中，如参与主体有何政策优惠、某个项目的资金信息等。而新疆民间基金组织在教育扶贫方面所知的信息数量少且呈现碎片化，其所知道的只是爱心人士和爱心企业的捐助信息，或是与个别中小学、高校合作后所了解的几个受助学生的信息，缺乏对教育扶贫政策信息和贫困户需求信息的整体把握，从而导致民间基金组织难以参与到教育扶贫一线的项目中去、切实缓解政府组织的压力。即便能针对教育扶贫某一紧缺的方面进行项目帮扶，也可能由于缺乏对政府政策信息的了解而与政府的项目"撞车"。

　　但是涉及服务对象信息的，关于是不是贫困户或者是什么信息，政府完全是不会给你透明的，哪怕我们要做服务也不给，这是对我们最大的屏障。就是说，政府对于社会组织那种接纳度和信任度还是有限的。我们做这么多年服务，贫困儿童的信息全部都是保密的，教育局是绝对不会给我们的，这给我们工作造成了很大的难度。"（与深喀社工站董站长的访谈记录）

　　另外，[1] 民间基金组织在获取教育方面信息的时候也缺乏正常的获取渠道，往往动用非正式关系。综上，使新疆政府与民间基金组织之间在教育扶贫方面的实现信息交流与共享，是保证新疆民间基金组织在教育扶贫发挥更大作用的一个重要问题。

（三）筹资渠道窄、资金状况不稳定

　　新疆教育基金组织要想长远发展离不开稳定的资金收入，目前新疆主

---

① 聂雯. 社会公益组织参与教育扶贫模式的优化研究 [D]. 南京：南京大学，2019.

要教育基金组织的资金主要来源仍然是爱心企业和人士的捐助，[①] 自身投资创收能力弱。依靠社会捐助这样的资金来源是非常不稳定的。以新疆溢达杨元龙教育基金会为例，在 2016 年至 2018 年的财务报告中可以看到，除去政府每年补助的 25 万元之外，剩余的收入项目还有捐赠收入、投资收入和其他收入，捐赠收入一项往往能达到 200 万元至 300 万元，而投资收入和其他收入总和也没有超过 10 万元。2018 年该基金会的捐赠收入有 238 万余元，净资产增加额达到了 116 万余元，而 2017 年该基金会捐赠收入仅有 112 万，净资产变动额随之成了−49 万余元。该基金会还是新疆境内规模较大、建设较好的民间教育基金会。由此可见，其他中小型基金会的状况会更不乐观。自身营收能力差，严重依赖社会爱心捐赠，这使得新疆民间教育基金会只能在捐助者和被捐助者之间承担一个善款流转的"中介"的角色，而无法成为教育扶贫中政府的政策建议者和项目参与者，无法增加自身在政府内部和社会公众内部的认可度。

（四）善款帮扶的方式和对象需要创新和补充

目前，新疆民间教育基金会主要帮扶方式是与中小学或是高校联合，签订奖学金和助学金协议，对学校中个别贫困学生进行资金帮扶，缺乏与参与扶贫攻坚地区的政府组织（尤其是基层工作组）的合作。就当前新疆扶贫攻坚情况来看，贫困群众接触最多的仍是基层政府工作人员，教育基金组织很少深入至扶贫工作的一线与贫困群众细致接触，往往是基金到位后，在受资助的地方举办一个仪式，然后剩余的工作又交给了当地工作队负责，长此以往，教育基金组织"费力不讨好"，同时也不能在被帮扶群众心中留下深刻印象。在对叶城县依提木孔乡等几个县乡的调查问卷中可以看到，调查对象中超过三分之二（68.04%）的人接受过社会组织资助，对社会组织教育扶贫了解且支持的人也占绝对多数，但问卷中在扶贫主体可多选的情况下社会组织被选的比率仅有 21.87%，足以说明教育基金组织出现的问题。

另外，新疆基金教育组织在对高等教育阶段学生进行资金资助时，基

---

① 陈筱妍. 非营利组织财务脆弱性评价研究——以基金会为例 [D]. 青岛：青岛大学，2017.

本上只关注到新疆大学、新疆农业大学等疆内的高水平一本院校，而忽视了人数庞大的职业教育学生。在对喀什叶城县依提木孔乡万库其（26）村进行访谈的时候，当地村书记表示了他对职业学校学生教育得不到重视的担忧。

村书记谈道："不能放弃部分孩子，包括接受职业教育的学生。现在把村里些没有接受过教育的、家庭条件不好的、考不上学的孩子送去职业教育学习技术，反而鱼龙混杂。这些孩子接受面大了，反而易受那些有极端思想的影响。所以，还是不要放弃这些人，这些人的影响面太大了。"

四、促进新疆民族地区社会组织教育扶贫的对策建议

（一）制定"服务而非管控"的管理制度

双重管理体制在我国的公民社会形成初期，在我国社会组织发展不成熟、相关法律政策配套不健全的时期确实起到了比较不错的管理作用，有效限制了社会组织的无序泛滥。而经过改革开放40多年的发展，我国公民社会逐渐成长，社会组织力量日趋壮大，"服务型政府"也成了主流呼声。因而，新疆政府应当紧随时代潮流，在教育扶贫领域，构建和民间基金组织相处的新模式，首先在制度上进行变革。

首先，在教育基金组织的登记方面，严格落实《中共中央关于全面深化改革若干重大问题的决定》中指出的"重点培育和优先发展行业协会、商会类、科技类公益慈善城乡社区服务类社会组织，成立时直接依法申请登记"的决定，给予致力于教育扶贫的基金组织登记便利。另外，在坚决执行中央决策的同时，要结合新疆地方实际进行合理创新。新疆目前民间教育基金组织数量少、规模小，很多组织达不到登记标准，公益事业只能不了了之。因此，应建立教育基金组织的备案制度①，对于规模尚小、资历尚浅的教育基金组织，可以先通过备案制度先给予其参与新疆教育扶贫的权力，并且对这类组织专门有一套扶助措施，帮助其初期的运作。如果组织运行状况良好，帮扶成效显著，则可以将其"转正"，成为正式的教

---

① 张玉强. 从"双重管理"到"三层协同"——中国社会组织登记管理体制的重新构建 [J]. 天津行政学院学报, 2017 (02): 26-33.

育基金组织，享受政府更大力度的帮助，这对扩大新疆民间基金教育组织的数量是一种激励。

其次，新疆政府对教育基金组织的态度应倾向于服务而非管控，在管理中不能通过制度限制其需要，而要通过制度满足其需要。比如，对于非营利的基金教育组织而言，人才匮乏是他们面临的最大的难题之一。针对专业性人才不足的问题，政府可以派遣本组织内的相关人士，对基金教育组织成员进行培训，教授其行业规范和与受资助学生交流的方式技巧等；还可以通过政策优惠将人才引入基金教育组织。新疆各大高校社会工作专业毕业的学生，他们有专业知识，接受过十余年的教育，还有可能受过教育资助，大部分又是新疆本土人才，他们在社会组织专业知识的掌握、新疆教育扶贫情况的了解以及参与教育扶贫的责任感方面都有相当的优势。通过相关政策激励将其引入基金教育组织中，这对教育扶贫人才队伍的扩充有极大的促进作用。不过除专业知识外，新疆大学生的基本工作能力需要在高校中进一步加强，在访谈中，社会组织的负责人也提及过该问题。

在人才培养方面，跟其他发达的省、市不一样的。社会组织负责人谈道："我觉得因为我们都招了大学毕业生、研究生，但是大学本科毕业培养出来的这些学生，我觉得，就没有办法完全能上手，就有很多基本的能力都不具备，有很多的思维习惯、工作习惯，还有这种计算机基本操作能力，沟通能力都很欠缺。我觉得这个都不应该是社会组织去培养他们，应该是在他们在大学阶段、实践的时候，就应该是掌握的。他到了单位，我们只是在实务上多一些督导和培训，但是现在在培养过程中发现大部分学生都是范那种低级错误。这是和其他发达的省、市很不一样的地方。"

最后，在监督层面，政府首先要将监督侧重点后移，少关注新疆基金教育组织如何做事以及一些烦琐的条框，多关注其具体活动和工作成效。针对目前的年检制度，一下子完全废除是不现实的，但要逐步减少政府在社会组织工作中的影响。其一，党建工作对新疆社会组织而言仍是必需的，但考核形式需要变化，不能只关注开了多少次学习党建内容的会议，更要关注社会组织在自身工作中与党和政府的合作状况，社会组织是否能利用自身特殊优势将党的理论在教育扶贫中传导下去。其二，消费扶贫不能让社会组织买单，在问题分析中也已提到过，教育基金会这类新疆社会组织的资金状况不理想、资金结构不合理，再购买贫困户的产品则会增加其运转压力，具有这个能力的更多的应该是企业和公众。所以即便是针对消费扶贫进行考核，也应考核在社会组织负责的项目中对贫困地区产品的宣传推荐工作以及合作企业的购买情况，而非仍以政府的任务为中心。其三，要将主要的监督权赋予群众和媒体，政府顺便可以加大对舆论媒体的责任感和道德性的培养。这样做的原因包括：一是双重管理体制稀释了监管责任，两个部门在监管中可能都抱着"多一事不如少一事"的心态，互相"踢皮球"。二是基金教育组织作为社会组织，本身就诞生于民间，并不适应政府的各类制度考核，而公众和媒体直截了当的披露反而能有更好的督促作用，也能避免基金教育组织在应付行政审查中走向"行政化"。

（二）构建统一的信息交流平台

新疆政府可以主导建立一个教育扶贫过程中的主客体都能共同参与的平台①，这个平台既要有教育扶贫信息的共享交流，比如某个项目的资金信息、政策优惠信息、贫困群众对于接受教育培训的需求信息、贫困地区学校的资源需求信息等，平台要清楚的分列名目，审核整合好各类主客体汇总来的信息，在教育扶贫的具体实践中能实现扶贫主客体之间信息的高效衔接。也要有被帮扶群众的直通反馈，无论是现代的电脑网络，还是传统的电话接听，都要收集教育扶贫中群众没有被满足的诉求或是扶贫主体的失职行为，时刻监督教育扶贫的成效。也要有正反向的宣传激励信息，对工作做得好的社会组织，政府在这个自己搭建的平台上无偿为其宣传，让参与教育扶贫的其他主体看到一个好的合作伙伴，让被帮扶的群众看到一个可以信赖的公益组织。工作做得不好的要在平台上给予警告和公示，多次怠慢工作甚至是有不正当行为的，可以将其从平台除名，不使其享受平台的信息便利。

（三）拓宽筹资渠道、避免收入过分集中

就目前网络上可以查询到的新疆民间教育基金会的财务状况来看，其每年的收入严重依赖于社会捐赠，结构单一，限制基金会的做大做强，也无法应对各类突发状况，财务风险较大，所以应当扩充资金来源渠道，避

① 高艺洋. 社会组织参与精准扶贫研究 ［D］. 南京：南京大学，2018.

免收入过度集中。

1. 加大政府购买

新疆政府的财政拨款确实为民间教育基金组织提供了资金支持，但方式单一（单纯的资金输送）且数额较小的财政支持难以使民间基金组织在教育扶贫中发挥更大的作用。解决此问题方法主要有两种：政府直接扩大对民间基金组织的补贴，使政府补助收入成为民间基金组织收入的大头。例如，德国社会组织的资金来源68%是政府补贴，法国社会组织60%的资金来自政府①。这种方法的确可以使民间基金组织获得较稳定的收入来源，但目前新疆政府在教育扶贫中的影响力远大于民间基金组织的情况下，这种增加社会组织对政府的依赖性的做法是不合适的。所以，对新疆教育基金组织而言第二种方法更为有效，即政府与其达成教育扶贫服务的买卖关系。政府设立专门负责购买基金组织教育服务的机构，负责服务购买内容的确定、方式的选择以及最终的评估。其一，在服务购买的内容上，自然是以教育产品和服务为主，但要形成规模，以项目引领，让有能力的基金组织承担起教育资源缺口较大地区的服务提供。其二，在服务买卖方式的选择上，由于新疆目前基金教育组织数量少、力量弱、专业水平也欠缺，因而建议政府在购买其服务时谨慎采用竞争激烈的招标制度，最好向多个组织采购，并且鼓励组织之间的联动、互补、合作，实现多方之间的资源共享②。其三，在对基金教育组织服务结果的监督评估上，减少过于繁杂的行政审批和文书写作，放松严格管制，注重绩效管理。可以借鉴香港政府采用的"服务质量标准（SQS）"，只用三个原则、十六个标准对组织服务进行评估。

2. 建立与企业互惠的筹资模式

企业具有民间教育基金组织难以企及的财力，民间教育教育组织作为慈善组织，相对而言它在教育扶贫中也有更大的感染力和公信力，因此民间基金教育组织在自身不以营利为目的的情况下，与企业联合，"取彼之长，补己之短"是必要的。比如，基金组织可以在第三方评估机构的监督

---

① 曹溢. 社会组织教育扶贫研究［D］. 石家庄：河北师范大学，2019.

② 陈丹. 我国香港地区政府购买服务对内地的经验和启示［J］. 学会，2020，（04）：30-35.

下，和企业达成内部的购买协议，基金组织以低于市场价的价格购买企业的产品，允许企业在市场上销售产品时借助本组织的名义或是此次公益项目的效果进行适当的商业宣传，提高其市场影响力。当然问题也是存在的，新疆民间基金教育组织弱小，疆内企业也多数是成立时间短、规模小，难以保证具有较纯粹的公益心和社会责任感，因而第三方评估机构尤为重要，及时揭露合作中的不透明信息和过度商业化的行为，避免公益心变成利益心。

教育基金组织通过企业来获得资金资源，企业自身的产品能投入到教育公益事业中，产品如果质量很好再经过合适的宣传，企业能大幅提高自身的美誉度，会更受消费者的偏爱，占有更大的市场。这样做既可以解决民间基金教育组织的资金资源匮乏的问题，又可以调动起多个主体参与教育扶贫，进一步营造全社会参与扶贫的氛围。

（四）不断深入一线，关注职业教育

1. 加大与贫困地区基层工作组的联合

新疆基金教育组织在人才吸纳、资金筹集、信息获取等方面的内部建设成熟后，不应只满足于充当善款和其他资源的周转者，而要不断深入教育扶贫一线，与基层工作组联合，使自己手中的教育资源和工作组掌握的贫困信息匹配起来，"访惠聚"工作队在新疆贫困地区始终与群众保持密切联系，扶贫是其任务之一，从之前新疆七个地州的部分贫困户的访谈中可以看出"访惠聚"工作队在他们心中印象很深刻、地位很高。所以基金教育组织若想在扶贫攻坚的一线开展项目，离不开与"访惠聚"工作队的合作。[①] 2016 年，新疆新闻出版广电局联手安邦智库（ANBOUND）启动边疆助学教育基金，在新疆和田市肖尔巴格乡合尼村、阿克兰干村和尕宗村，新闻出版广电局住村工作组与安邦智库联合，入户走访，加强对村民的宣传教育，并确定资助对象，经过个人申请、学校推荐、教育主管部门审核，最后由安邦智库按资助条件逐一认真调查后，公示名单并在 10 月底时完成资金发放。安邦智库虽不是新疆本土的社会组织，也非专门从事教

---

① 李晓啸，周雷刚. 新疆新闻出版广电局联手安邦智库启动边疆助学教育基金 [EB/OL]. (2016-10-12) [2020-10-20] http://xj.people.com.cn/n2/2016/1012/c362097-29131848.html.

育，但其参与教育扶贫的模式值得新疆基金教育组织借鉴。与"访惠聚"工作队联合，切实参与到教育扶贫的重要环节中，而非是简单的给钱了事。这样做既缓解政府组织的扶贫压力，又有了一个获取信息的正当渠道，还能在基层工作队的合作中锻炼组织自身的能力，增加政府对组织的信心，放心地交给组织更重要的教育扶贫项目，逐渐实现教育扶贫主体的转换。

2. 关注职业教育学生

职业教育在新疆具有广阔的发展前景，是许多贫困家庭改变经济状况的一条出路，但当前仍需专业规范以及社会各界的更多的重视，正如在访谈时什叶城县依提木孔乡万库其（26）村景书记所言："没有接受过教育、家庭条件不好、考不上学的孩子送去职业教育学习技术，反而鱼龙混杂，这些孩子接受面大了，反而受那些有极端思想的人影响。"所以新疆基金教育组织除了帮助普通高等学校学生之外，也可以在职业教育中承担更多的工作，在"奖励优秀"这一原则的基础上，扩大这个"优秀"的范围，投入一些项目、资金到职业院校中去，通过与校、企的合作，激励新疆职业教育学生勤奋学习、积极就业。

首先，新疆基金教育组织在职业院校内部可以设立助学金和奖学金、对努力学习技术、遵守纪律的学生进行奖励或帮助。另外，职业技术学校相对普通综合类大学而言，更考验学生的操作动手能力，所以对有发明创造成果的学生可以为其设立技术发明奖学金，激发学生在技术学习中的乐趣。其次，职业院校学生毕业后多数直接准备就业，对于积极就业并在一定时间内进入就业岗位的学生，给予其就业积极激励金，这样鼓励该院校所有学生积极参加工作而非成为社会闲散人士。最后，新疆基金教育组织为了组织自身的长期运作，离不开与企业的密切合作。所以，基金教育组织可以作为牵头人，推动校企合作，推荐职业院校中学习刻苦，常年获得奖学金或者是有不错的发明成果的学生进入合适的企业就职。倾向于提供服务的基金教育组织则可以提供职业观培训、就业指导等软性帮扶。

"有一些基础服务，包括心理健康、抗逆力的提升，社会融入服务，这是一个方面。另一方面就是因为这群职业教育学校的学生面临着毕业之后就要步入社会找工作，我们有一个就业指导的软性帮扶的工作，包括自我认识，然后就业、职场文化，就业观。还有包括像情绪管理、职场交往、职场沟通等，这一些就业指导帮扶工作，就是这两大方面。"（与深喀社工站董站长的访谈记录）

从和深喀社工站董站长的访谈中可以看到，社会组织对职业教育学生是有所关注并且也有比较人性化的帮扶规划的，但新疆整体的规模仍然不够，否则也不会出现依提木孔乡景书记所反映的问题，基金教育组织在这一方面还有很大的空间。

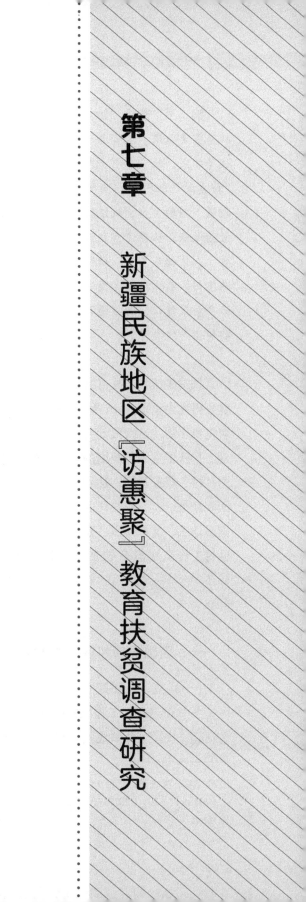

第七章　新疆民族地区『访惠聚』教育扶贫调查研究

　　摘　要：新疆"访惠聚"作为群众工作的平台，在教育扶贫过程中发挥着重要作用。笔者通过搜集相关资料、实地调查、问卷调查、面对面访谈等方式，就"扶贫先扶智，扶贫必扶智"的重要论述，结合近年来新疆"访惠聚"驻村工作实际，从宣讲扶贫政策、双轨并行、语言教育、带动增收、捐助平台、技能培训、后盾优势、督促检查七个方面总结教育扶贫经验做法，从理论宣讲不够深入、双轨运行不够平衡、技能培训效果欠佳、人才储备不足、规范管理机制有缺失五方面分析存在的问题，提出理论宣讲、载体延展、国家通用语言交流、技能培训、力量配优、健全机制六项对策建议，为新疆与全国同步全面建成小康社会、坚决打赢脱贫攻坚战提供一定参考。

　　扶贫先扶智，扶贫必扶智。在坚决打赢脱贫攻坚战的道路上，教育扶贫显得尤为重要。"访惠聚"作为群众工作的平台，在教育扶贫过程中发挥着重要作用。已持续 5 年的新疆"访惠聚"驻村工作，作为夯实基层基础、帮扶群众脱贫解困的重要举措，自开展以来，已累计超过 35 万人次接力驻村，服务基层，达到覆盖新疆所有行政村和社区。现如今，广大乡村面貌焕然一新，农牧民收入不断提升，可谓人心思齐。① 本课题组根据对南疆地区、北疆地区、东疆地区实地问卷调查结果显示，认为"访惠聚"驻村工作队在教育扶贫上发挥效果"非常好"的占 71.32%，"好"占19.56%，"一般"占 8.02%，"不好"和"非常不好"仅占 0.36% 和 0.73%。

一、新疆民族地区"访惠聚"教育扶贫的经验做法

（一）宣讲扶贫政策

　　各"访惠聚"工作队坚持开展国旗下宣讲，围绕脱贫致富、民族团结等话题，安排工作队成员、村干部、入党积极分子等进行宣讲，讲政策、

---

① 孙少雄，贺占军. 新疆 35 万人次"访惠聚"干部 5 年接力驻村服务基层［EB/OL］. （2018-11-01）［2020-10-15］http://www.chinanews.com/sh/2018/11-01/8665881. shtml.

讲认识、讲体会。塔城地区额敏县委党校驻阿克米克特甫村工作队联系派出单位老师下乡（镇）、村（社区）宣讲扶贫政策，下发脱贫攻坚学习材料，集中乡（镇）、村（社区）干部统一学习脱贫攻坚政策，提升干部群众对扶贫工作的认识，让干部群众当"脱贫攻坚明白人"。他们还利用周一升国旗聚集群众机会，邀请组织、宣传、文化、教育、林业、畜牧等方面专家学者和先进典型赴村队宣讲授课。阿克米克特甫村工作队还积极与工业、企业联系，帮助村镇引进短平快项目，使得很多村民实现就近就业。同时，注重学习宣传时效，加强对干部扶贫知识的了解，检验干部对扶贫政策及业务的掌握程度，做到人人知政策、人人懂政策、人人讲政策的和谐局面，确保扶贫政策落到实处。通过这些宣讲和学习培训，教育引导群众提高对精准脱贫的认识，掌握勤劳致富的经验技术，坚定摆脱贫困的信心。阿克陶县医疗保障局作为驻慕士塔格路社区工作队的后盾单位，在慕士塔格路社区广泛开展医疗保障政策的宣传，派出单位抽调业务能力强、综合素质比较高的科室长协助工作队利用每周一升国旗、党员大会、居民夜校及工作队组织的各类活动开展医疗保障政策知识宣传，现场为群众解疑释惑，提供医疗保险资费、住院流程及住院报销咨询，协助群众办理住院转院。①

（二）双轨并行开展教育扶贫

在"访惠聚"教育扶贫中，驻村工作队运用"两个全覆盖"和"民族团结一家亲"双轨并行，开展教育扶贫，帮助农牧民打开致富之门，共同奔小康。②"访惠聚"工作队充分利用包户入户机会，向群众宣讲党的各项惠民政策、"三农"问题相关文件精神、了解最新上级指示要求、学习科学文化知识等，着力给予困难群众脱贫致富"智力"支持，明确"干什

---

① 占平原. 发挥派出单位后盾作用为驻社区工作注入内生动力 [EB/OL]. (2019-09-08) [2020-10-20] http://www.aktdj.cn/P/C/15524.htm.

② "两个全覆盖"是指常态化、规范化推进干部下沉住户工作，确保实现干部职工下沉住户全覆盖、农（牧）户被住全覆盖。"民族团结一家亲"是指中华56个民族大团结，全称"民族团结一家亲——结对认亲活动"。2016年10月16日，新疆维吾尔自治区启动"民族团结一家亲"活动。

么"。"访惠聚"工作队将所有队员、村干部及下沉干部编入"四个办公室"①，明确每个人的工作职责和任务，提前备好功课，在了解各自包联户家庭详细情况的基础上，因地制宜、因人制宜地开展教育扶贫。年初与包联户共同制定有针对性的帮扶计划，年中指导完成，年末总结经验，并研究制定下一年帮扶计划。每年对住户工作中表现突出的干部进行表彰，各工作队围绕教育扶贫工作采取开展演讲比赛、宣传先进典型事迹、讲述住户期间感人故事及身边的变化等方法，促进"访惠聚"教育扶贫成果、党员干部服务群众能力、农牧民致富能力的"双提升"，明确"怎么干"。"访惠聚"工作队坚持做好宣传教育和开展思想政治工作，让广大群众在得到干部帮扶的基础上，思想认识也有一定提高。在与群众同吃住、同学习、同劳动、同活动中，开展教育扶贫，帮助他们打开致富门，共同奔小康。同时，引导群众通过感知自己、家庭及身边亲友曾享受过的各项党的惠民政策及家乡发展变化，更加坚定听党话、跟党走的信心和决心，明确"为谁干"。问卷调查结果显示"访惠聚"驻村工作队在教育扶贫上发挥作用中"两个全覆盖"包户住户占 32.32%，"民族团结一家亲"活动占 31.35%。

（三）注重国家通用语言教育

近年来，新疆各县市紧抓国家通用语言教育，为开展"访惠聚"教育扶贫提供语言基础。例如，塔城地区各县市均成立学习国家通用语言教育培训工作领导小组，制订《少数民族党员干部职工群众学习国家通用语言教育培训实施方案》，县（市）乡村三级分别分类建立国家通用语言水平四个等级人员登记台账，进行分类培训管理。利用每年"今冬明春"农闲时节，全面启动"学国家通用语言、提素质、强本领"活动，依托农牧民学校主阵地，县（市）乡包联领导带头到包联村队（社区）听课、讲课、评课，分层、分类抓好国家通用语言学习，开设基础班、提高班、强化

---

① "四个办公室"是指为更好地开展"访惠聚"驻村工作，将"访惠聚"工作队队员和村"两委"合理分工，设立"党建综合办公室""维稳综治办公室""群众工作办公室""村务发展办公室"四个办公室。其中，"党建综合办公室"负责协调开展各方面工作。单位下沉人员也要根据工作需要，临时编入各办公室协助"访惠聚"工作队开展工作。

班，对"较熟练、一般、不懂"党员干部分类进行培训。每周县（市）集中举办全县（市）视联网国家通用语言集中培训，由国家通用语言办对一周学习中出现的问题进行集中释疑解惑，及时取长补短，以便下一步工作的开展，国家通用语言学习大大促进了农牧民及县直单位少数民族干部的国家通用语言水平，为脱贫攻坚战打好语言基础。2018 年，塔城地区共开展国家通用语言教育培训 24740 场次共 1391170 人。（调研所得）

（四）搭建捐助平台

近年来，新疆各地"访惠聚"工作队为村民搭建各类捐助平台，减轻群众生活负担。例如，密切关注当地民政部门的相关扶贫项目和资金，做到村队或群众能享尽享。塔城地区额敏县阿克米克特甫村驻村工作队协调当地民政部门给贫困户发放大米、清油、面粉、煤炭等生活物资，减轻了贫困户生活负担。条件比较好的工作队在原单位的大力支持下，向所服务村队困难学生及优秀学子发放助学金，工作队队员们还自掏腰包，为困难家庭的孩子给予力所能及的帮助，近两年来，在工作队的动员和积极组织下，社会各界积极为贫困村队的孩子捐赠书包、文具、体育用具、校服等。使贫困户孩子有机会就读幼儿园、初中、高中。近几年，新疆农村入学率、巩固率、升学率均保持在 100%。"访惠聚"工作队努力做好教育扶贫工作，让村里更多孩子通过教育走向美好未来。一些工作队联系当地合作社捐赠鸡苗、鹅苗等，助力建档立卡贫困户发展庭院经济，增加收入。阿勒泰市切尔克齐乡库早齐村致富带头人阿勒玛斯·郝德林在驻村工作队和村"两委"的积极引导下，成立合作社，走上致富"快车道"。为让父老乡亲们更早脱贫增收，阿勒玛斯主动联系工作队，送来 1000 只鸡苗、50 袋饲料及 100 个饲料桶免费发放给贫困户，拓宽贫困户增收渠道;① "访惠聚"驻村工作队还积极联系当地爱心救助机构，为群众搭建社会扶贫平台。动员社会捐助，发动工作队员、派驻单位、身边亲友等为村队捐助衣物等生活物资。2020 年 1 月 17 日，自治区侨联驻温宿县佳木镇加依村"访惠聚"工作队举行了浙江省聚心企业家助学公益促进会衣物发放仪式，现场共发放

---

① 佚名. 发放爱心鸡苗，增收致富有"鸡"可乘［EB/OL］.（2019-07-12）［2020-11-15］http://www.maxlaw.cn/altay/news/951832668561.shtml.

460套衣物。这几年，自治区侨联工作队协调和联系爱心企业和人士为他们做了大量帮扶工作，使困难群众的日子一天比一天好过。① 这些途径有效减轻了农牧民的生产生活负担。

（五）强化技能培训

新疆"访惠聚"工作队坚持扶贫先扶智，努力解决既富口袋，又富脑袋的问题。想方设法拓宽群众增收之门。坚持精准识别、精准发力、精准统筹各项扶贫资源，通过劳务输出、庭院经济、精准施策等，对群众开展各类技能培训，吹响了坚决打赢脱贫攻坚战的"冲锋号"。例如，依托远程教育阵地、农牧民学校、科技之冬等平台，大力开展种养殖、厨师、电焊、电商等技能培训，做到每户有1~2名懂实用技术能增收致富的人。建立"村两委+合作社+基地+农户"等模式，组织有想法、想干事、有文化的群众外出进行特色种植、牧家乐、民族刺绣等参观培训、转移就业培训，协助创办专业合作社，鼓励自主创业，引导发展庭院经济。积极探索"访惠聚+脱贫"工作机制，坚持输血造血相结合，扶贫扶志扶智同进行，引领实施土地流转、发展订单农业，帮助农牧民，鼓励农牧民产业转型增收致富。新疆交通运输厅派驻岳普湖县的尤库日提埂村工作队，通过其稳定有力的项目发展，产业就业齐步促脱贫。

工作队结合村民农业生产需要，加大对农户的技能培训力度，坚持扶志扶智同步走，大力助推脱贫攻坚步伐。他们融合各类教育培训资源，积极组织贫困地区群众开展针对农业生产、科学技术、生产管理和农副产品生产加工等方面的培训工作，累计培训5000余人次，共计12场次。借助派出单位在交通建设方面的有利资源，组织机械制造、公路建设、餐饮服务等方面培训覆盖群众2000余人，共计17场次。通过培训帮助贫困人口转变"等靠要"思想，增强他们生产增收，致富脱贫的能力，推动实现贫困群就业致富。发展到如今，有28名贫困户获得了外出务工和土地流转双重收益，48人借助餐饮服务获得了稳定就业机会，20多人通过蔬菜种植产业增收致富，26户农户开展了长毛兔养殖产业，18户农户借助自己庭

---

① 陈涛. 浙江爱心企业捐衣物暖民心 ［EB/OL］.（2020-01-20）［2020-11-01］http://www.aksxw.com/aksxw2019/cont/2020-01/20/content_ 1047543.html.

院开展了农家乐旅游，此外，工作队还带动30余人开展公路养护工作，为其提供了新的就业岗位。① 还有在强化精准精细帮扶上下足功夫，开展菜单式实用技能培训。各驻村工作队充分发挥农村大舞台、阿肯弹唱会、流动影院、马背宣传队作用，建立宣传队、文艺队，开展各类演出，用致富经、文化经对冲"等靠要"思想，坚定各族群众"幸福都是奋斗出来的"的信心和决心。以群众需求为切入点，开展菜单式实用技能培训，解决贫困户就业，逐步完善由村党支部主导，帮助群众成立农村养殖、手工艺品加工专业合作，形成"党支部+'访惠聚'工作队+X（农业园区、龙头企业、合作组织、党员干部）+贫困户"的党建扶贫模式，使村党支部成为脱贫攻坚"核心"。使农牧民贫困户实现增收，进一步夯实了脱贫成效。

（六）发挥后盾单位优势

各级"访惠聚"工作队来自不同的部门单位，可谓各行各业，各有所长。依托本单位的资源或行业优势，开展具有专长性质的扶贫工作，多措并举巩固教育扶贫成果，取得较好成效。例如，新疆大学工作队通过开展"学历能力提升工程"、塔城地区沙湾、托里、裕民、和丰、额敏等县市党校工作队利用"国家开放大学"教学点在党校的优势，广开学历提升门路，帮助群众增长储备知识，让基层干部和群众在家门口实现"大学梦"，对于提高基层干部群众综合素质，有效服务"访惠聚"的教育扶贫工作起到积极作用。阿克陶县人社局驻慕士塔格路社区"访惠聚"工作队积极落实党的"九项惠民工程"，充分发挥派出单位作后盾作用，以解决群众就业为抓手，全身心地投入到做好群众工作中。工作队在日常入户走访中，发挥派出单位优势，把辖区无业、失业及待业群众按年龄段、学历、就业意愿及现有的劳动技能的标准分类登记，建立促进就业台账，及时向派出单位阿克陶县人社局反馈。派出单位阿克陶县人社局主动作为，积极发挥后盾作用，选派城乡职业教育培训中心与就业促进科业务精英到慕士塔格路社区，协助工作队组织无劳动技能群众参加局里组织的技能培训班，对已经具备劳动技能的给予推荐、引导就业。据统计，从1—5月，派出单位

_____

① 杨斌，孙建兵. 扶志扶智并肩走，夯实产业促脱贫［EB/OL］.（2019-08-19）［2020-11-05］http://www.xjdaily.com.cn/c/2019-08-19/2080309.shtml.

阿克陶县人社局累计协助驻社区工作队已先后组织辖区无业居民参加就业培训 3 个场次约 60 人次，累计带动居民转移和就近就地就业达 42 人。①乌苏市农业局"访惠聚"工作队驻九间楼乡以来，充分发挥农业技术优势，助力村队发展大棚蔬菜种植，提高农民收入。科技是第一生产力，在"访惠聚"工作队农业技术力量的支撑下，2017 年，乌苏市九间楼乡黄渠村蔬菜种植面积达到 1500 亩，设施大棚种植户达到 35 户，人均纯收入达到 16000 元。他们在棉花、蔬菜的每一个生育期都给农民做出技术明白卡，只要老百姓有技术需求，保证做到随叫随到，助力村里老百姓有更好的收获。②

（七）督促检查常态化

一是建强班子"这一核心"。县市各级"访惠聚"及时调整驻村工作领导小组，下设办公室，层层落实责任，指导督促检查。各单位部门每年确定 5 名干部（2020 年改为 4 名）下村队开展"访惠聚"驻村工作，选优配强工作队队长，兼任第一书记，合理分配到"党建综合办公室""维稳综治办公室""群众工作办公室""村务工作办公室"四个办公室，其中第一书记负责"党建综合办公室"，并统领全盘工作，以党建为抓手，建强班子"这一核心"，指导其他工作有序开展。二是强化学习"这一关键"。利用每周开例会、政治学习抓好常态化学习，组织学习重大会议精神、习近平总书记系列讲话、自治区、地委、市委系列重要会议精神，学习自治区关于"访惠聚"驻村工作、基层党建等各项系列讲话及文件精神，切实把握学习重点、掌握学习方式、规范学习记录，不断增强教育扶贫工作的能力和水平。三是完善制度"这一保障"。结合工作实际，进一步完善学习、考勤、请销假等工作制度，实行纪律管人、制度办事的管理模式。强化规范意识，整理下发各类制度、规范、办法、要求，认真梳理提炼工作要点，确保教育扶贫各项工作制度化、规范化、常态化。

---

① 占平原.派出单位发挥后盾作用　助力工作队解决群众就业［EB/OL］.（2019-05-28）［2020-10-05］https://m.sohu.com/a/317149582_120056571.

② 康黎，王兆云.新疆乌苏市访惠聚工作队发挥技术优势助农户增收［EB/OL］.（2018-04-25）［2020-11-05］http://news.sina.com.cn/o/2018-04-25/doc-ifzqvvsc0301030.shtml.

二、新疆民族地区"访惠聚"教育扶贫存在的问题

虽然新疆在"访惠聚"教育扶贫工作中取得了一定成效，但与自治区党委的要求和基层干部群众的期待相比，还存在一些问题和不足。

（一）理论宣讲不够深入

宣讲是把党的路线方针政策宣传贯彻落实到广大干部群众中去的重要方式，贯穿"访惠聚"教育扶贫工作的所有环节。但在推进"访惠聚"教育扶贫理论宣讲深入人心方面依然存在问题，例如，"访惠聚"教育扶贫理论宣讲的重视程度不平衡的问题。有部分"访惠聚"工作队对理论学习和理论宣讲重视得不够，存在为了完成考核任务而学习，为了应付活动要求而学习的现象。理论学习不够深入，积极性和主动性不足，通读多，重点解读少，群众需要的宣讲更少。"访惠聚"工作队队员和当地草根宣讲员是"访惠聚"的理论宣讲的主体。由于宣讲人员承担任务程度、知识水平、理论水平不一致，开展宣讲的能力参差不齐，宣讲的质量也参差不齐。"访惠聚"教育扶贫理论宣讲照本宣科较多，引故事讲道理能力不强，层面较浅，这种说教式宣传对受众的吸引力不足。虽然开展了线上宣讲，但内容也比较单一，大多是理论性文字图片，缺乏广泛的深度和温度。"访惠聚"教育扶贫在村队的理论宣讲还存在受众面较小、难见成效、宣讲对象难以普及的问题。村队在家者多为守巢老人及留守儿童，导致宣讲时，受益的人非常有限，而那些年轻力壮、思想活跃的人基本已外出务工，真正需要进行知识普及、理论渗透和思想武装，却因长期在外不能得到学习和提高。[1]

（二）双轨运行不够平衡

"访惠聚"工作队依托"两个全覆盖""民族团结一家亲"、农牧民学校等开展教育扶贫工作，在时间和空间上虽然都比较便利，但还面临许多新情况新问题。例如，塔城地区额敏县喀拉也木勒镇距离县城78公里，镇

---

① 崔维琴，鼎程. 基层理论宣讲存在问题及对策［EB/OL］.（2020-06-12）［2020-11-20］https：//www.360kui.com/pc/9cafa250e5177bcd9?cota=4&kuai_ so=1&tj_ url=so_ rec&sign=360_ 57c3bbd1&refer_ scene=so_ 1.

上及附近的村队，"访惠聚"工作队这些活动开展得比较好，也卓有成效，但对于那些居住较远和较为分散的农牧民，"两个全覆盖"没有做到应住都住，"民族团结一家亲"活动无法按要求按时按质开展，宣传宣讲内容也很难及时传达到位。这些因素，制约着教育扶贫工作的开展。在开展国家通用语言工作中，针对牧区群众居住比较分散的现象，新疆塔城地区额敏县"访惠聚"工作队采取集中送教下乡的办法，平时按照计划学习内容，通过微信群发放每天的学习内容，每月到所在村队参加月测试，考核学习效果，一方面因为国家通用语言教学工作一般是由"访惠聚"工作队员担任，和专业的教师有差距，加上其他驻村工作量较大，"访惠聚"工作队员无法完全投入到工作状态，教学效果参差不齐。另一方面牧区群众居住分散且不固定、网络不稳定、国家通用语言水平较低、学习缺乏监督机制，加上授课教师集中教学时间不固定、交通不便等原因，效果不佳，加之语言不通的障碍，严重影响着教育扶贫工作的开展。

（三）技能培训效果欠佳

技能培训是"访惠聚"教育扶贫的一个重要平台，农牧民通过这个平台学习所需技能，进而获得更多的就业机会。一方面，"访惠聚"工作队有来自上级的技能培训方面的工作任务，必须完成多少的任务量，包括场次、人数的要求，达不到考核便不过关，于是就会出现只要达到上级要求，不论培训内容是什么，质量效果如何，完成就行。另一方面，农牧民原本对技能培训有需求，但"访惠聚"联系来的培训常常不对口，学了没意义。比如串珠技术培训，这几年都有，想学的农牧民早就学会了，但即使学会了，也没有市场可开发，带不来实际的经济效益，因此觉得没必要浪费时间去学。有时遇农忙，农牧民抽不出时间来村委会学习，但介于"访惠聚"工作队和村委会的压力，又不得不来。结果造成"访惠聚"工作队为通过考核而办学，农牧民强压下被动着学，实际效果不佳。加上近几年，培训内容局限，一般多为串珠培训、面包糕点培训、农资种植培训、施肥选种、消防、医疗保健类培训，而且多带促销性质，实际价值不大，没有从农牧民实际需要的角度出发办学。干过一年"访惠聚"工作的干部（主要做培训工作）发言讲到，上级下发培训任务，比如18~49岁的人员上50天的培训班，必须要上。可是很多的村民因为要照顾孩子和老人，或者农忙没时间去，但是上级下发的任务就是必须去，不是本着自愿的原则，应本着因地制宜、根据村民需要原则制定脱贫政策。另外，培训和结业的时间还不连贯，相差时间长、由于人员流动结业的时候不好组织（课题组与霍城县党校中青班座谈）

（四）人才储备不足

"访惠聚"的教育扶贫离不开人才的大力支持。可是农村发展空间不足，各方面条件有限，不具备吸引人才的条件。一是正在提升学历的本村群众，其出发点可能是为将来发展做准备，但函授或网学的效果并不能给他给予更多的知识，只是提升了学历，一纸文凭而已，个人的实际能力并未得到多大的提高。二是分下来的大学生志愿者，虽然工作积极性和能力都较强，对"访惠聚"教育扶贫工作有阶段性贡献，但大多是待不了多久就换离当前岗位，缺乏延续性，教育扶贫不是一蹴而就的，人才流失对此项工作的开展造成了一定的困惑。三是村队大学生流失严重，老百姓大都望子成龙、望女成凤，只盼着孩子有机会走出这片狭小的天地，拥有更广阔的发展空间。能考上大学、稍微有点能力，几乎不会再回本村镇发展，归根到底，还是留住人才的条件不够。没有人才，"访惠聚"的教育扶贫效果甚微。

（五）规范管理机制有缺失

一是"访惠聚"工作缺乏积极的管理机制，影响了教育扶贫工作的实施效果。有的派出单位对"访惠聚"教育扶贫工作重视程度不够，落实驻村蹲点调研制度不到位，有的对"访惠聚"教育扶贫工作支持力度不大、后盾作用不强。包联领导和派出单位领导履职不到位、工作不实不细，没有形成工作合力。对教育扶贫工作、工作队员管理的支持和关爱不够，解决实际问题少。二是"访惠聚"工作任务多、人员少，存在工作队力量部署上"一刀切"现象，没有根据村队实际情况差别化的部署。个别村队（社区）基层力量薄弱，工作合力不强，存在工作队代替包办村队（社区）工作现象，增加了队员的工作量，有时力不从心。有的驻村工作队"身在心不在"，存在临时思想，工作敷衍塞责、推诿拖延，"催着干、督着干"。三是"访惠聚"工作中惩罚性多，奖励机制少，队员工作压力大，加上有的驻村工作队在加强教育扶贫工作队方面思路不清、办法不多，与村队

（社区）"两委"班子配合不紧密，工作合力不强，这些都影响着教育扶贫工作的效果。

三、促进新疆民族地区"访惠聚"教育扶贫的对策建议

（一）推进基层理论宣讲深入人心

为提升"访惠聚"教育扶贫的宣传效果，各驻社区工作队要不断开动脑筋丰富形式，根据群众需求，加大对党中央治疆方略和各项惠民政策的宣讲力度，加大对党、教育扶贫的宣讲力度，把政策、道理讲清讲透。建议培养村级草根宣讲员，减轻工作队负担，更形成长效机制。提高业务水平，加强宣讲队伍建设。整合现有宣讲队伍，把群众基础深、政治素质好、宣讲能力强的骨干宣讲员挑选出来，积极吸纳"各级干部、致富能手、道德模范、文艺骨干、草根名嘴、医生教师、退休干部"等为主要对象的宣讲员，建立健全线上宣讲，逐步打造一支覆盖广、撤不走、靠得住的宣讲员队伍，并加大对宣讲员的培训力度，着力提高宣讲队伍整体素质及专业素养。

研究深化群众工作的方式方法，坚持在思想引领、增进民族互信上持续用力，提高驻村干部做群众工作的能力。加大就业培训力度，针对掌握国家通用语言水平的不同对象，抓好少数民族国家通用语言教育工作，围绕重点工作、中心任务和自身建设，挖掘一篇先进典型，大力宣传驻村工作好经验好做法，在建设一支"永不走的工作队"上持续用力。围绕"感党恩教育""五个认同"教育、现代文化引领、实用技能培训"四件事，组建"政策宣教团""干部宣教团""草根宣教团"等宣教团，制定宣教保障措施，着力构建群众工作大宣教格局。通过"政策宣教团"专业讲政策，培训干部去宣讲；"干部宣教团"融情教重点，教会群众知政策；"草根宣教团"邻里说党恩、形式多样聚民意，不断凝聚党员干部和群众的思想共识，促进教育扶贫工作水平上台阶。各地州工作队充分利用每周一升国旗活动，集中宣讲脱贫致富、民族团结、惠民政策等内容，让群众了解，坚定感恩党、听党话、跟党走的信心和决心。塔城地区额敏县这几年主要利用草根宣讲员、民间致富能手等力量，在常规性的专门大宣讲活动和升国旗仪式等活动上大力宣传法律法规和政策方针，传播正能量，让农

牧民解放思想，理解政策。这些宣讲员大多数都来自村民之间，都是群众基础较好的、对党和国家的法律法规和政策文件都有正确理解的人，一般每个村选择一到两个这样的人，组成一个乡镇或县级宣讲队伍，定期到各个村庄进行了宣讲。还可以通过举办各种各样的文艺活动，通过表演提倡学习现代文化、政策法律的节目，让老百姓看看身边发生的变化，从而提高他们的感恩意识和对现代文化、现代生活的追求意识。加上通过入户走访的方式，把宣讲课堂搬到田间地头、屋场院子，设立短小精悍的微课堂，因地制宜、不拘形式地给老百姓讲解政策实质，帮助符合条件的老百姓申请教育扶贫资助，让他们感受到党和国家教育政策的好处，不断让他们引领新时代。(课题组与额敏县群众工作站三项工作办公室访惠聚工作负责人的访谈记录)

(二) 利用好"两个全覆盖""民族团结一家亲" 等载体

"两个全覆盖""民族团结一家亲"等是"访惠聚"教育扶贫实施的重要载体，必须充分利用好。对于在本村和附近城乡的群众，要把工作做实，不走过场。活动期间，督促指导群众学习国家通用语言，帮助其克服语言障碍；宣传党的惠民政策，帮助其能享尽享；传授生产生活技能，帮助其拓宽致富渠道。对于居住较散，牧区居住较远和较为分散的农牧民群众，要统筹安排，合理组织，后盾单位也要大力支持。除集中送教外，还可开通微信课堂，发放学习资料，鼓励"小手牵大手"(大人跟着孩子学)等办法。总之，根据他们的生活特点，制订教育扶贫计划，助力农牧民学好国家通用语言，打好广开致富路的语言基础。充分利用"两个全覆盖""民族团结一家亲"等和群众密切接触的机会，面对面开展有实质意义的教育扶贫。

(三) 充分发挥国家通用语言学习的作用

研究规范国家通用语言学习教材，把握方向，避免杂音。还要利用"民族团结一家亲"活动，入住走访，帮助少数民族群众学习巩固，加强群众与社会交流交往的能力，拓宽就业增收渠道。充分抓实农牧民学校，按照"一能三促"(能交流，促感恩、促认同、促增收)标准，突出建档立卡贫困户等重点群体，分类施教，逐步提升农牧民群众国家通用语言水平。同时，采取"结亲干部教、村民互助学、微信课堂带、小手拉大手、国家通用语言师资培养"五种国家通用语言学习巩固辅助模式，切实营造农牧民群众主动学国家通用语言、说国家通用语言、用国家通用语言的浓厚氛围。目前农牧民学校主要是由工作队来做，提高国家通用语言、提升法制意识，想方设法提高效果。国家通用语言要硬抓、狠抓效果还是很明显的，国家通用语言说得好、愿意干的村民，收入都可观，工作队提供就业的机会也越多。（课题组暑期访谈记录）

（四）组织开展有针对性的实用技能培训

了解农牧民培训需求，多开展类似于职业技能的培训，例如对农民的种植业（棉花、番茄）、养殖业（牛、羊）培训，以及一些妇女儿童的服务型培训，由于35岁以下大多是外出务工（进厂、餐饮、卫生保洁）的农牧民，类似于职业技能的培训所以培训主体在45~60岁之间。村里现状是年轻人少、老年人偏多。选择适合该年龄段的技能培训。（课题组暑期访谈记录）

（五）选优配强驻村工作干部

一是继续调整充实人员，从各部门单位后备干部、优秀干部、双语干部中选派，结合机构改革工作，专题研究驻村工作选派事宜，认真落实好"好人好马上一线、精兵强将下基层"的硬要求，高标准抓好每一批驻村工作队员选派，坚持把政治素质高、工作能力强、善于做群众工作的优秀干部、后备干部选派到基层最需要的地方，切实选优配强驻村力量。二是进一步加强各级"访惠聚"驻村工作领导小组办公室自身建设。结合当前工作重点，整合各级组织部、"访惠聚"驻村办人员，成立"访惠聚"教育扶贫工作专班，确保此项工作精准精细、专业专项、深入深化。三是强化驻村干部业务培训，采取岗前培训、系统培训、驻点培训等形式，邀请县委党校和政法、统战、人社、农业、农机等部门专业人员，做好驻村工作队长培训、驻村业务培训等工作，全面提升驻村干部教育扶贫工作能力。

（六）建立健全制度机制

制度建设是"访惠聚"教育扶贫工作开展的根本建设。一是建立健全"访惠聚"驻村工作的激励机制，制定可操作的激励指标，正面引导激励领导干部。二是坚持严管和厚爱结合，抓好制度机制落实，实行推行排名机制，每月根据验证评估情况、住户干部报告、互评互学等情况，进行统计、分析，排出乡镇（街道）、工作队派出单位的名次，根据排名情况定期进行通报表扬和批评。教育引导党员干部严格落实政治纪律、组织纪律、廉洁纪律、生活纪律，增强"四个意识"，做到有令必行、令行禁止。三是强化派出单位和驻村干部的管理教育，随时发现问题、研究问题、解决问题，善于纠偏容错，提升工作水平。压实对包联单位的领导责任，包联领导要切实当好"施工队长"，认真落实对包联单位的统筹领导、决策指导、审核把关、检查监督、现场处置、建议推荐、一票否决权，对包联乡镇场（街道）、村队（社区）的教育扶贫工作亲自研究部署、亲自督导检查、亲自一线落实。四是加强工作队管理。落实调研指导制度，建立工作队分析评估和预警机制，促使各驻村（社区）工作队明责知责、履责尽责、落实教育扶贫任务。五是建立干部保护机制，为敢于担当的干部撑腰鼓劲，形成长效机制，真正激励广大干部在教育扶贫领域有新担当新作为。

全面建成小康社会的短板在农村，农村脱贫的根子在教育，教育扶贫是彻底稳定扶贫的重要推手。"访惠聚"的教育扶贫工作就是要克服这块"短板"，通过在农村普及教育，使农民有机会得到他们需要的知识，通过提高思想道德意识和掌握先进的科技文化知识来实现改变现状、脱贫致富的目的。新疆"访惠聚"工作队作为群众工作的最前沿，责无旁贷，今后将继续发挥在教育扶贫领域的作用，扬长避短，助力打赢脱贫攻坚战，实现新疆与全国同步全面建成小康社会的宏伟目标。

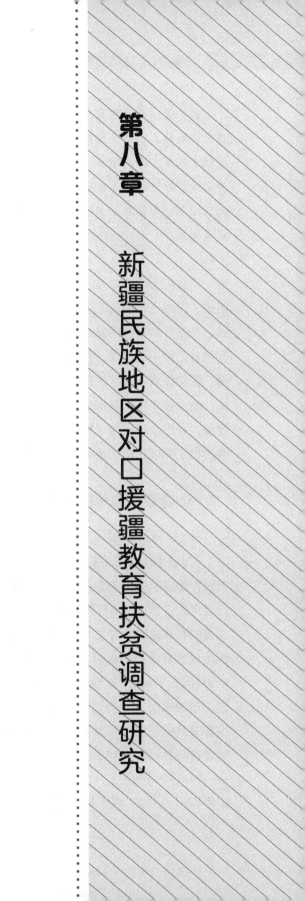

第八章

新疆民族地区对口援疆教育扶贫调查研究

摘　要： 新疆民族地区对口支援教育扶贫有利于提高文化素养，提高自身发展能力，为全面建设小康社会奠定基础。目前新疆民族地区对口支援教育扶贫主要有输血式、造血式、协同式、"互联网+"教育扶贫模式。为了持续推进对口支援教育扶贫，需要转变思维，树立扶贫与育人相结合的新理念；加强职业教育援助力度；推出多媒体学习终端，创新教育对口支援模式。

以教育为突破口及工作开展的重要抓手，是实施对口支援战略的有机组成，同时也是彻底改变贫困代际传递问题的关键举措。教育对口支援模式，是在对口支援的基本宗旨指引下，基于区域间教育发展失衡现状，依据教育发展一般规律，积极发挥政府主导作用，引入发达地区优势教育资源，密切民族各地区之间的联系，从而实现民族地区教育跨越式进步的模式。经过近些年反复探索与实践，其已经从最初的粗放式朝着精准化方向发展，并已呈现出相对较完善的运行模式，在教育保质、高效发展进程中发挥出了无可比拟的重大优势，引起社会各界广泛关注。

一、新疆民族地区对口援疆教育扶贫的必要性

（一）有利于增强文化素养，促升自身发展能力，实现可持续发展

《习近平扶贫论述摘编》中对教育扶贫问题作出了深刻且全面的论述。教育作为国家实施精准扶贫战略实施的重要抓手与组成部分，特别是精准的教育扶贫是国家兴旺发达的基础，对口援疆教育扶贫是实现精准的教育扶贫的有效途径，它在精准扶贫战略中占有极其重要的地位。现阶段西部地区教育领域仍然存在系列问题，急待解决，如贫困人口的自身发展能力较弱、自我"造血"功能较差，学历普遍较低，且在实际工作中又缺少培训机会，从而使得这一人群大都欠缺自身发展能力。通过实施精准教育扶贫战略，可以快速提高贫困地区的教育水平，助力精准扶贫和全面脱贫的目标①，有利于帮助贫困人口尽早走出落后现状，增强文化素养，

---

① 魏茂琳，谷生然. 近年来我国教育扶贫研究综述［J］. 内江师范学院学报，2019（01）：93-96.

同时也有利于充分发挥人力资源在地区经济发展中的显著优势，彻底完成脱贫攻坚任务。

（二）有利于加快新疆经济社会发展和提升各族群众生活水平

"扶贫先扶智"，贫困地区缺乏中高端人才，基本的民生科技也因为人才缺乏导致其难以普及，为此援疆省市派遣大量技术性人才进驻基层，提高了受援地区的经济、文化和科技水平。

新疆是全国深度脱贫攻坚的重点难点地区，特别是南疆四地州，促进当地教育水平发展，帮助南疆部分地区脱贫致富，是辅助新疆摆脱贫困的重要方式。教育援疆采取对口支援的模式，即对口援疆教育扶贫模式，更可以充分利用内地优质教育资源扩大教育理念，针对帮扶地区的特点，有针对性地制定措施，在提高当地经济发展水平的同时，充分发挥东部教育的引领作用，"互帮互助"的提升新疆教育的整体水平。2010年深圳作为新一轮对口援疆省市中唯一的计划单列市，对口支援喀什市和塔什库尔干塔吉克自治县，协力促进喀什经济开发区建设。十年来，深喀两地人民协力发展，借助电商扶贫、产业扶贫，带动建档立卡脱贫人口10.3万，成功孵化1000多家企业，带动47万人次就业，在维护受援地社会稳定、民族团结和经济发展方面发挥了重要作用。同时，深圳市高度重视塔什库尔干塔吉克自治县的帮扶工作，以维持新疆社会稳定和长治久安为总目标，制定"精准+长效""生态+科技""脱贫+固边""产业+金融"16字方针，规划建设了一系列教育项目。例如，针对塔什库尔干塔吉克自治县教育资源短缺的问题，深圳投资20余亿元，援建162所幼儿园及深塔高中、深喀教育园区、喀什大学等项目①，成功建设了全链条教育援疆体系。

二、新疆民族地区对口援疆教育扶贫的模式

新疆民族地区的扶贫攻坚工作始终坚持创新发展，转变救济式扶贫模式，促进扶贫工作思维、行动模式和参与机制的创新发展，并有利于对外开放和精准扶贫的辩证统一，实现开放式精准扶贫。

---

① 对口援疆，情暖天山 [N]. 乌鲁木齐晚报（汉），2019-07-17.

而新疆对口援疆教育扶贫也走过了"输血式教育扶贫模式——造血式教育扶贫模式——协同式教育扶贫模式"的过程。在实践的过程中不断创新对口援疆教育扶贫模式。作为对口援疆体系的重要组成部分和教育制度的重要补充，教育对口援疆在协调东西部教育均衡发展、维护社会稳定和促进民族团结等方面，都有效地发挥了独特功能和重要作用。[①]

（一）输血式教育扶贫模式

输血式教育扶贫模式就是直接向贫困地区输送人力、物力和财力。这种模式以政府为主导，政治性更强，通常借助援疆干部和建设项目以项目资金和项目物资的形式援助新疆地区经济发展。而且，这部分资金和物资通常会用于教育基础设施和师资力量建设上，支援方也逐步掌握主动性，获得了较为理想的扶贫效果。自 2010 年要求北京、天津、安徽、福建等 19 个省市对口支援新疆以来，五年的时间，北京累计实施 94 个教育援建项目，援助 16.3 亿元资金；天津实施 82 个教育援建项目，援助 6.74 亿元资金；福建实施 24 个援建项目，援助资金 10.2 亿元。经过多个省市的项目资金和物资投入，让新疆民族地区教育发展水平获得了巨大提高。伴随着对口教育援疆工作的深入展开，各省市援疆工作的内容和形式也进一步延展。

（二）造血式教育扶贫模式

造血式教育扶贫模式意在结合贫困地区的实际情况[②]，投入教育资源促进当地贫困地区文化水平提升，转变贫困地区落后的政治、经济和文化观念，从内部突破，增强贫困人口的脱贫致富能力。"从硬件到软件，从'输血'到'造血'，援疆实实在在提升了学校的软实力。"近年来，河南省先后投入 4800 万元援疆资金，支持兵团第十三师职业技术学校改善办学条件，为校企合作搭建平台，着力打造技术技能人才培养高地，借助援疆优势提升融合水平。该校立足河南省产业援疆优势，与河南安阳全丰航空植保有限公司进行合作，引进"植保无人机"整机生产组装线，设立电子

---

① 郑刚，汤晨. 信息化环境中创新教育对口支援模式探析 [J]. 西北民族大学学报（哲学社会科学版），2013（06）：180-184.

② 魏茂琳，谷生然. 近年来我国教育扶贫研究综述 [J]. 内江师范学院学报，2019（01）：93-96.

信息技术专业（无人机方向），填补了兵团中等职业教育在该领域的空白，为兵团第十三师农业发展提供技术支撑，兵团第十三师现代农业发展能力明显增强。"输血"的同时更要强化"造血"功能。兵团第十三师职业技术学校与河南机电职业学院等 3 所学校进行了合作，河南机电职业学院等 3 所学校选派 10 余名优秀干部和专业骨干教师到兵团第十三师职业技术学校援教，帮助兵团第十三师职业技术学校深化课程改革，为专业课程建设贡献了力量。2018 年，兵团第十三师职业技术学校师生在职业院校技能大赛、信息化教学大赛荣获 12 个兵团级、2 个国家级奖项，极大地提升了学校办学水平和办学质量。

（三）协同式教育扶贫模式

协同式教育扶贫模式旨在融合政府、高校和社会多方力量①，协同促进当地教育扶贫工作发展，力图通过多方主体协商合作，推动教育扶贫工作的深入发展。通过联合政府、学校以及民间组织力量合力促进当地学生及其父母教育素质提高。截至 2020 年 5 月 20 日，招商局集团捐赠 2.68 亿元，用于帮扶新疆叶城、莎车等贫困地区，开展产业、健康、教育扶贫工作。2020 年 10 月中旬，由中南置地举办的"一厘米温暖"新疆公益行，积极响应决战脱贫攻坚、助力乡村振兴的国家号召，走进新疆维吾尔自治区 13 所乡村小学，捐赠价值约 45 万余元的图书和教育物资，积极推动新疆少数民族乡村教育发展。一次研讨边疆教育的公益座谈会、一场孩子们欢快玩耍的小小运动会、一堂堂精彩的公益支教课，中南置地携手南通市及上海市的援疆干部，打通了政府、高校、公益组织、学校的联动通路，开创了一条独具中南特色的教育公益创新道路。早在 2008 年，中南集团就曾在新疆援建希望小学，解决了 567 名师生们在危房上课的问题，为新疆地区儿童营造了良好的受教育环境。2020 年 7 月，中南首次走进新疆喀什地区泽普县捐赠 4 座"一厘米温暖图书馆"，播种下爱和希望的种子。2020 年 10 月中旬，经过六天五晚，跨越 15000 公里，中南置地"一厘米温暖"新疆公益行重返故地，携手江苏中南慈善基金会、上海享物公益基

---

① 魏茂琳，谷生然. 近年来我国教育扶贫研究综述 [J]. 内江师范学院学报，2019
　（01）：93-96.

金会、清华大学和北京大学教授、上海长宁消防救援支队、媒体等社会各界公益代表，走进新疆伊犁州伊宁县、特克斯县、喀什地区泽普县共计 13 所边疆乡村学校，捐赠价值 45 万余元的图书馆，及数字影院、打印机、电脑等种类丰富的文体用品。自 2016 年起，每年都面向贫困地区乡村学校捐赠书籍及物资，帮助孩子们通过知识改变命运。中南置地已陆续在云南、新疆等地捐助建立了 23 座"一厘米温暖图书馆"，累计与 40 家公益机构合作，足迹遍及 328 座学校、孤儿院和福利社，举办线下公益活动 150 余场，公益活动覆盖孩子数量超 40 万位。中南置地持续践行企业社会责任，与边疆少数民族群众心连心，踊跃参与到新疆的文化建设中，用教育帮扶、精准捐助、文化融合等公益形式为促进脱贫攻坚、民族团结作出自己的贡献。

2018 年 5 月 24 日，新疆维吾尔自治区电化教育馆、广东省教育技术中心联合组织了"互联网+教研"的"新粤跨区域教育信息化应用案例交流研讨活动"。活动以"信息技术与课堂教学深度融合"为主题，围绕教育部"一师一优课，一课一名师"活动，进行网络直播和线上、线下教研活动，在广东省与新疆之间交流先进的教育教学理念，提升受援市县广大教师信息技术与学科深度融合的能力和水平，提高教学水平，实现教育均衡。2018 年 7 月 11 日，疏附县教科局邀请广东省名班主任邝杰老师在疏附县第二中学成立了"广东省名班主任邝杰工作室疏附县分站"并举行了揭牌仪式，从此疏附县中小学班主任也能享受到广东省名班主任的指导和帮助。2017 年开始，山东省着力开展针对新疆生产建设兵团第十二师的支援工作，并与 2018 年 2 月开始以"干部人才援疆"的方式，选派优秀干部人才入驻对其进行教育援助。结合前期的调研结果，综合干部人才援疆额具体情况，援疆人才们制定了优势互补、扬长避短的教育工作方针，以中小学校夏令营访学活动为纽带，推动兵团第十二师教育信息化发展，组团促进其教育质量发展，其间，紧抓教育督导评估工作，从多维度促进针对兵团第十二师的教育援助工作。同时，新疆自 2011 年就已经开始筹备未就业高校毕业生到 19 个对口援疆省市地区的培养学习工作，至 2016 年 6 月，全区已经对外输送近 3 万名高校毕业生。在政府、高校、企业、媒体的共同努力下，边疆乡村学校未来将受到越来越多社会公益力量的关爱。

（四）"互联网⁺" 教育扶贫模式

伴随着互联网信息技术的深入发展，"互联网+"教育扶贫模式旨在促进互联网信息技术和贫困地区、贫困人口的教育扶贫工作有机融合，借助互联网科学合理统计贫困地区、贫困人口的教育信息，动态掌握教育扶贫工作开展情况。北京市专为援疆成立了"京疆学院"。2012 年 5 月，首都师范大学京疆学院正式成立。2020 年 10 月 14 日，"首都教育远程互助工程"和田项目汇报暨启动仪式在首都师范大学学术报告厅举行，首都师范大学通过整合校产办、出版社、人工智能教育研究院、初等教育学院、国际文化学院、京疆学院、教师教育学院、信工学院等单位的优质资源，密切追踪"互联网+教育""人工智能+教育"新技术新手段，积极探索基于互联网平台的跨区域教育扶贫新路径、新模式，推动了"首都教育远程互助工程"和田项目的实施。首都师范大学自主搭建的"双优云桥-乐智悦读"大数据平台，开创性地研发了一套独立朗读课程测评系统，为和田地区教师搭建了可以系统化进行"测试、诊断、反馈、提升"的泛在学习应用环境。

自 2019 年项目启动试点至今，项目主办单位已经对和田地区 400 位教师实施了两期国家通用语言提升专项培训和教育教学能力提升专项培训。项目基于和田地区存量教师不足以及在岗教师国家通用语言水平和教育教学能力普遍偏低的现状，针对和田地区在岗教师日常教学任务繁重、无法参加离岗培训的实际困难，利用"互联网+教育"的手段，遵循实时全过程数据记录、完全贴合受训教师的需求、紧密结合教学实践、实时跟进参训教师学习情况的原则，创建碎片式的泛在学习环境，依托"双优云桥-乐智悦读"大数据平台的实时反馈，再配合"一对一"师范生和北京教师的指导，保证和田地区教师在培训过程中随时发现问题、随时解决问题，形成系统化的泛在学习培训机制。目前，该项目已入选教育部脱贫攻坚典型案例。启动仪式结束后，将再次对 300 位和田地区教师进行系统化远程培训。

山东教育援疆创新打造"互联网+同步课堂"模式，在山东省对口支援兵团教育高质量发展中心和新疆生产建设兵团第十二师的各个学校中实现应用。这种"互联网+同步课堂"正是山东省对口支援兵团干部管理组、山东省教育厅为兵团十二师整建制打造的教育援疆新模式，通过信息化手段，打破教育援疆的时空限制。对于兵团师生而言，从此山东优质的教育资源不再"遥不可及"，鲁疆两地同步课堂教学只需"万里一线牵"。一堂课结束，网络两头两所学校的老师可直接通过屏幕对话，开教学研讨会，一起谈感受，共同分析最新的授课内容。通过网络和硬件设施的建设打造，可以将优质教育资源直接输入到新疆地区，解决派驻老师高成本的问题，鲁兵网络课堂这个特别的教室就是这一模式的具体呈现形式，省时又省力的教学方式收到了明显的成效。

三、促进新疆民族地区对口援疆教育扶贫的对策建议

（一）转变思维，树立扶贫与育人相结合的新理念

在对口教育援疆上不能仅停留在经济补偿或物质资助层面，更应与育人相结合起来。一是抓好励志教育。学校要充分发挥奖学金的导向作用，挖掘受资助的优秀学生典型，用学生身边的真实事例激励广大学生积极进取、刻苦学习、立志成才。二是抓好诚信教育。学校除了要组织诚信教育活动之外，还要针对获得国家助学贷款资助的学生开展诚信教育，不断强化其诚信意识。三是抓好社会责任感教育。学校要加强感恩教育，教育广大受助学生要有感激之情、感恩之心和社会责任感，不忘回报政府和社会的帮助之情，不忘承担国家建从设之责。四是要以铸牢中华民族共同体意识为主线，不断巩固各民族大团结。学校要促进各民族广泛交往、全面交流、深度交融，深入开展文化润疆工程。

（二）加强职业技术教育援助力度，提升职业技能

在援省市在对受援方进行对口教育扶贫时，可有针对性地加大大、中专院校在对口支援教育扶贫中的地位和作用。根据问卷调研结果显示，在新疆地区现行的开放式精准教育扶贫模式开展中，多方参与主体呈现出了不同的工作状况，其中大专院校的作用远远没有发挥出来，在六个指定的排位主体中排在最后，位于前三位的分别是：政府、对口援疆省份或单位、"访惠聚"驻村工作队（含新疆学前双语教育支教）。严格说来，"访惠聚"驻村工作队（含新疆学前双语教育支教）依然是政府行为。

表 8-1　您认为当地教育扶贫主体有哪些

	选项	南疆地区	北疆地区	东疆地区	总计
A	政府	73.36%	79.61%	45.83%	74.12%
B	企业	18.38%	25.24%	37.50%	20.66%
C	社会组织（公益组织、慈善组织等）	19.22%	29.13%	25.00%	21.87%
D	对口支援省份或单位	50.42%	37.86%	29.17%	46.66%
E	"访惠聚"驻村工作队（含新疆学前双语教育支教）	56.32%	50.49%	62.50%	55.04%
F	大、中专院校	13.49%	11.17%	16.67%	13.00%
G	其他	1.18%	5.34%	8.33%	2.43%

表 8-2　您对高校（大中专院校）参与教育扶贫的态度

	选项	南疆地区	北疆地区	东疆地区	总计
A	不支持	7.25%	0.49%	0.00%	5.53%
B	无所谓	0.51%	1.94%	4.17%	0.97%
C	支持	44.01%	73.30%	79.17%	52.37%
D	非常支持	48.23%	24.27%	16.67%	41.31%

　　调查同时发现，群众对高校参与教育扶贫是持非常支持和认同的态度，两者的占比超过93%，北疆地区高达97.57%，在南疆地区也占到了92.24%。可见，在群众的心目中各大中专院校在扶贫过程中，特别是在精准的对口教育扶贫中大有可为。

表 8-3　您认为在科技方面，以下哪些因素与您所在地区的贫困关系密切

	选项	南疆地区	北疆地区	东疆地区	总计
A	缺乏科技专家（技术员）的长期引领	60.71%	54.37%	50.00%	58.81%
B	缺乏技术推广与利用的统一管理机构	49.41%	34.47%	45.83%	45.57%

	选项	南疆地区	北疆地区	东疆地区	总计
C	政府在技术推广和培训上投入不足	11.97%	32.04%	37.50%	17.74%
D	农民的传统观念阻碍技术推广	19.39%	33.98%	20.83%	23.09%
E	未能因地制宜，技术援助不适合当地的自然环境和农民的经济行为	26.31%	16.50%	25.00%	23.82%
F	其他	3.54%	12.14%	12.50%	5.95%

表8-4　您希望职业技能教育培训的方式

	选项	南疆地区	北疆地区	东疆地区	总计
A	传统讲授式	19.73%	28.64%	16.67%	21.87%
B	发挥网络教育资源，推动线上、线下学习	43.68%	50.00%	45.83%	45.32%
C	实地操作实践式	68.13%	70.87%	70.83%	68.89%

上述调查结果显示，对口支援省份或单位的应思考如何充分挖掘发挥本地区的高校资源，进一步提高高等教育服务社会的能力。

（三）推出多媒体学习终端，创新教育对口支援模式

通过信息化教育对口支援让贫困地区分享优质教育资源，通过信息化教育对口支援为贫困人口提供更多的受教育机会、为经济发展提供人力资源支撑，充分利用各种教育网络终端，整合社会资源。目前很多教育集团或社会组织都推出了内容丰富的以小程序形式为主的多媒体学习终端，如学习强国、抖音、青书学堂，要引导贫困地区人员使用这些新媒体手段进行学习。

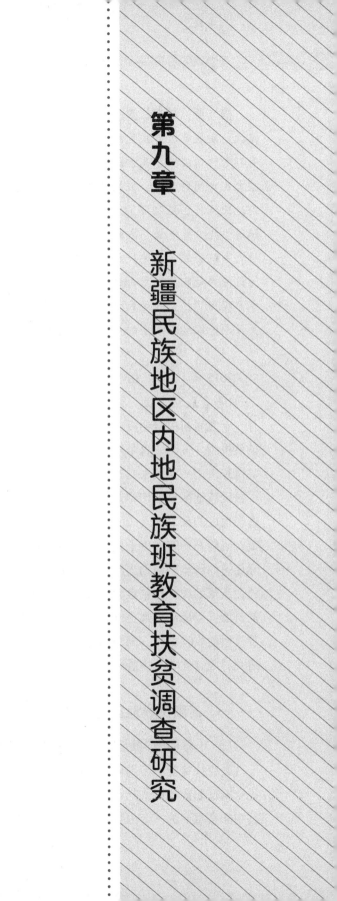

第九章

新疆民族地区内地民族班教育扶贫调查研究

摘　要： 教育扶贫是新疆开展脱贫攻坚的重要一环，而内地民族班的建设与发展是教育扶贫的一项重要组成部分。推动内地民族班发展，不仅有利于为新疆培养高素质的人才，也有助于阻断贫困代际传递、带动各民族文化之间的交流、促进教育公平的发展与实现。在党与政府的带领下，内地民族班已经取得了顶层设计强、政策落实到位、民众对政策重要性认识逐步提升等一系列成就，但仍然面临着供需不平衡、民众对内地民族班缺乏系统了解、内地民族班学生的文化疏离感未能得到充分关注等问题。为促使内地民族班更加适应时代发展，助力新疆脱贫攻坚的实现与巩固，本章提出了扩大内地民族班受益人群规模、丰富内地民族班的宣传方式、关注内地民族班学生的心理健康情况等建议。

2015 年 11 月，在中央扶贫开发工作会议上，习近平总书记明确把"发展教育脱贫一批"列入"五个一批"精准脱贫工程之列。2019 年 10 月，十九届四中全会提出，要坚决打赢脱贫攻坚战，建立解决相对贫困的长效机制。贫困一直是个长久的话题，特别是针对边远民族地区，实现脱贫也是人们一直以来的迫切愿望。随着脱贫工作的开展，教育扶贫在新疆少数民族地区显示出卓越的成效。教育是阻断贫困代际传递的有效途径，边疆地区的教育水平与内地相比也确有差距，内地民族班的教育扶贫政策，既能在一定程度上提升新疆贫困地区的教育水平，也可以阻断贫困代际传递的脚步，帮助当地脱贫，可谓是一举两得的好政策。本章通过对内地民族班的教育扶贫政策开展现状的研究，发现一些新问题，并提出相应的对策，以推动内地民族班的教育扶贫政策更好的发展。2020 年是决战脱贫攻坚的收官之年，随着内地民族班的教育扶贫政策等一系列政策的深入研究，收官之年，决胜可期。

一、新疆民族地区内地民族班教育扶贫的必要性

（一）有利于阻断贫困代际传递，为民族地区家庭带来希望

教育扶贫能够帮助偏远地区的孩子接受良好的教育，帮助贫困地区的民众掌握职业技能，其切实成效已经有目共睹。开办内地民族班是教育扶贫中非常重要的一个内容，孩子是家庭的希望，开办内地民族班，让优秀

的少数民族学生有接受优质教育的机会，是阻断贫困代际传递的有效途径，为偏远少数民族地区的家庭带来未来的希望。此外，在日常生活中，孩子也能潜移默化的影响整个家庭的文化氛围，提高家长的汉语能力、文化水平，改善生活习惯等，特别是提升国家通用语言水平。教育的影响代代传递，新疆内地民族班的教育扶贫政策，不仅为孩子带来优质的教育，更有利于提高整个家庭的文化水平，也影响着以后人们对教育的认识程度，对于阻断贫困代际传递有重要作用，受到当地民众的大力支持，受到党和国家的高度重视。

（二）促进少数民族教育的发展，为新疆培养高素质人才

内地民族班是民族地区教育发展先天不足与当地经济建设发展需要之间的矛盾的产物①。新疆内地民族班的教育扶贫政策，让众多新疆学子有机会接受内地优质的教育资源、感受内地先进的教学环境、体验内地先进的教学设施，促进了少数民族教育的发展。一方面，内地民族班政策实行异地办学，让新疆学子去内地，和内地学生一起学习、生活、交流，同处于一个学习环境下，有利于新疆学子更好地吸收所学知识，促进他们中国通用语言的学习与进步，为以后更好的走上社会打基础。同时，内地民族班教学涉及面广②，能在一定程度上提升新疆学子思想上的认知，开阔视野，丰富他们的见识，为新疆未来的发展储备高素质知识型人才。另一方面，内地在各个领域都有更为专业的职业技术培训，也有更多参与到社会中的实践机会，内地中职班、高职班等能够为新疆培养出一批批技术型人才，缓解基础设施建设领域的人才紧缺，为新疆的基础设施建设储备力量。除此之外，从内地高校毕业的大学生、中等专科学校的师范生等，毕业后返疆从事有关教育教学的工作，能为新疆的教育事业发展贡献力量，实现"智力援疆"的目的。内地民族班，促进了少数民族教育的发展，也为新疆的发展提供了源源不断的人才支持，为新疆以后更好的建设奠定了人才基础。

---

① 白少双，严庆．过程的视角：内地西藏班办学效应研究 [J]．民族教育研究，2014 (5)：81-83.

② 雷召海．关于西藏班（校）办学模式的政策分析—以武汉西藏中学为例 [J]．民族教育研究，2012 (4)：23-27.

（三）促进民族团结，带动各民族文化交流

内地民族班采取的异地办学模式，将新疆多民族文化带到内地，促进内地与边疆文化的交流，丰富内地的文化的同时，又促进两地文化的发展。新疆学生在内地长期学习和生活，可将新疆富有异域特色的民俗与生活习惯带到内地。每逢少数民族节日，由于距离原因，新疆学生不能回家，办有内地民族班的学校可能为少数民族学生举办活动庆祝节日，这些都让内地学生有机会近距离接触少数民族文化，一睹边疆的文化风情，有助于增加内地学生对少数民族文化的认知。同时，每逢中华民族的传统节日，所有学生一起庆祝，既有利于民族团结，促进民族地区的稳定，又能够让少数民族学生更加深切地体会到传统文化浓厚的文化魅力，增强少数民族学生的文化认同感，促进中华民族的大团结。在内地开办民族班，将新疆的多元文化与内地的汉族文化融合，民族班的学生，在接受本土文化的同时，又直接地融入了内地经济发达地区的文化环境，不仅有利于他们切实理解汉族文化，感受汉族文化的繁荣发展，更有利于多元文化价值观的形成。毕业返疆后，民族班的学生在一定程度上充当内地形象的"代言人"，并成为跨族际文化交流的桥梁，对于促进民族团结，带动文化交流，内地民族班起到了非常重要的作用。

（四）促进教育公平，贯彻党推进教育公平的政策目标

一方面，新疆深居内陆，由于地域差异，和内地的教育水平存在一定的差距。内地民族班的教育扶贫政策，是新疆和内地之间的一条桥梁[1]，并在一定程度上架起了新疆和内地教育水平差距的沟壑，让新疆学生可以接受内地优质的教育，是实现教育公平的重要途径。内地民族班的教育扶贫政策，让新疆学生去内地接受教育，打破了以往少数民族学生仅在政策上享受教育公平的单一做法，使学生能够在共享改革发展成果、共享先进教育资源上也实现教育公平。另一方面，内地民族班设有专门的少数民族老师，他们了解少数民族学生的日常生活习惯和心理，方便及时和学生进行沟通交流，以减少他们初到内地教学环境中的突兀感与不适，以更好地

---

[1] 喻永庆，孟立军. 30年来内地西藏班（校）办学的发展历程、特点及其展望 [J].
西北民族大学学报（哲学社会科学版），2016（4）：185-186.

享受优质的教育资源，在内地的学习环境中更好地吸纳所学知识，提高自身的能力和知识水平。目前，内地民族班已经成为少数民族地区学生心向往之的地方，只要足够努力，每一个人都有争取内地民族班的机会，这在起点处体现了教育公平。在学习生活中，新疆学子和内地学生共处同一教育环境，享受老师一致的对待，这在过程中体现了教育公平。学习结束后，享受过内地民族班政策的学生，和其他同学一样，可以自由选择继续留校深造或自行就业。教育扶贫是通过起点公正，过程公正和结果公正，实现贫困地区和贫困人口的教育分配正义和关系正义，从而实现教育扶贫对社会公平正义的价值追求。① 内地民族班政策，丰富了以往仅以"政策倾斜"促进教育公平的单一做法，用实际行动践行教育公平，帮助新疆学子在教育起点、教育过程中实现公平，推进新疆少数民族教育的发展，推进教育公平的政策目标的实现。

二、新疆民族地区内地民族班教育扶贫的现状

（一）教育扶贫政策顶层设计强，力促新疆内地民族班发展

改革开放以来，继1980年教育部、国家发改委颁发《关于加强民族教育工作的意见》之后，1984年，教育部、国家计委又颁布《中央关于在内地为西藏办学培育人才指示的通知》。党和国家逐步意识到内地民族班的重视程度，而后内地西藏班最先建立，办学规模和办学质量也在逐步提升。2000年，教育部印发《关于内地有关城市开办新疆高中班的实施意见》的通知，内地新疆高中班也随即出现，为了加强对内地新疆高中班的领导和管理。2000年6月，我国又出台《内地新疆班管理办法（施行）》。2005年5月，教育部、国家发改委、财政部颁布《关于扩大内地新疆高中班招收规模的意见》。可见，内地民族班的办学成效符合预期想象，收效良好。2010年，教育部办公厅印发了《内地西藏班、内地新疆高中班管理办法》。2011年7月，教育部、国家发改委、财政部又联合颁布了《关于举办内地新疆中职班的意见》。内地新疆高中班的建立，有利于为新疆培育高素质知识型人才，为推动新疆地区的经济和教育发展储备力量。新疆

---

① 李兴洲. 公平正义：教育扶贫的价值追求 [J]. 教育研究，2017（3）：32-34.

的内地民族班是为贯彻国家的教育方针和民族政策所采取的"智力援疆"的重要措施。其发展历史悠久，有深厚的历史渊源，对当今和以后内地民族班的发展具有重要价值。

表9-1　新疆内地民族班的相关政策

序号	政策名称
1	《关于加强民族教育工作的意见》
2	《关于内地有关城市开办新疆高中班的实施意见》
3	《内地新疆班管理办法（施行）》
4	《关于扩大内地新疆高中班招收规模的意见》
5	《内地西藏班、内地新疆高中班管理办法》
6	《关于举办内地新疆中职班的意见》

（二）内地民族班的教育扶贫政策宣传效果理想

首先，新疆内地民族班的教育扶贫宣传力度很大，被调查者对政策的了解度很高。在针对"您是否了解国家或自治区的教育扶贫政策"的调查中，表示"非常了解"的占全部被调查者的56.74%，"听过"（包括了解）的在全部被调查者中占比高达96.96%。其次，教育扶贫的宣传方式多种多样，有"政府宣传""电视、报纸""网络（电脑或手机）""亲戚朋友传播""其他"等。在针对"您了解教育扶贫政策的渠道有哪些"的多项选择调查中，认为来自"政府宣传"的最多，占全部被调查者的92.22%，可以看出政府是内地民族班的教育扶贫政策宣传的主力。"电视、报纸"排第二，占全部被调查者的61.12%；"网络（电脑或手机）"排第三，占全部被调查者的27.34%。"亲戚朋友传播"排第四，占全部被调查者的20.90%，"其他"排第五，占全部被调查者的3.89%。电视、报纸已经成为我们日常生活中不可或缺的一部分，民众通过电视了解教育扶贫政策，也是政策宣传的一个有效途径。而网络，由于调研的是深度贫困地区，受民众的经济水平、文化水平、语言等因素影响，普及率相对较低，但也收到了预期的效果。

（三）内地民族班政策落实成效显著

内地民族班政策落实到位，实施成效显著。在内地开办民族班，有很大的优越性，教学设备先进，利用内地已有的教学设施与师资力量，使经费花销更少，再加上优越的教学环境，更有助于学生的学习。新疆内地民族班的教育扶贫政策让学生有更多接受优质教育的机会，给家庭也带来很大的帮助。在调查中发现，针对"您认为教育扶贫政策的实施效果如何"的回答，认为"非常好"的占全部被调查者的 81.29%。关于"教育扶贫政策给家庭带来的帮助如何"的问题，在南疆地区、北疆地区、东疆三个地区调查中发现，南疆地区接受调查的民众中 89.04% 的人认为"帮助非常大"，认为"没作用"的为 0。北疆地区接受调查的民众中认为"有作用"（包括"非常大、很大、一般"）的占 97.57%。东疆地区接受调查的民众中认为"帮助非常大"的占 41.67%，认为"没作用"为 0。内地民族班政策的实施，让民众的生活也得到了改善，是一项利民的好政策。

（四）民众对内地民族班的了解度高

新疆一系列的教育扶贫政策覆盖面很广，"适龄幼儿接受学前教育""义务教育'两免一补'""少数民族预科班和少数民族高层次骨干人才培养计划""面向贫困地区定向招生专项计划（高考）"等，一系列针对学生各阶段采取的多样教育扶贫政策几乎贯穿一个学生从学前教育到研究生教育的全过程。而民众对"内地民族班"的需求很大，在对"您是否愿意让您的孩子到内初班、内高班、内职班（内地民族班）读书"的调查中，表示"非常愿意"的占全部被调查者的 71.69%，表示"愿意（包括"非常愿意"）"的占全部被调查者的 98.42%，这让新疆内的学生有机会出新疆接受更先进的教育，而民众的意愿就是对政策最好的反映。在对"是否了解新疆内初班、内高班、内职班（内地民族班政策）政策"的调查中，表示"了解"（包括"非常了解"和"基本知道"）的占 74.36%，"听过但不了解"的合计占为 20.66%，"没听说过"的仅占 4.98%，这些数据都证明了民众对内地民族班的教育扶贫政策有很高的了解度。

（五）民众对内地民族班重要性的认识在提升

开办内地民族班是教育扶贫中非常重要的一部分内容，而民众对民族班的认识程度，才是对民族班效果的最好的反应。内地民族班的教育扶贫政策经过近年的落实已经取得了显著的成就，但民众对其需求程度依旧很高，可以看出民众都已经逐步认识到了内地民族班的重要性。内地民族班带来的不仅仅是知识和技能的提升，更多的是对可持续发展和脱贫的带动作用。内地民族班一定会继续更好地发展下去，教育扶贫也一定能贯彻到底。

三、新疆民族地区内地民族班教育扶贫存在的问题

教育扶贫能够引导贫困人口加强理论学习与技能培训，提升自身素质、摘掉"贫困"的帽子，是新疆多民族地区脱贫攻坚的重要手段。其中，内地民族班是新疆开展教育扶贫的重要组成部分。内地民族班是我国民族平等，民族团结，各民族共同繁荣的民族方针政策在教育领域的重要探索。通过有目的、有计划、有组织地开展异地办学，为新疆多民族地区培养优质人才、促进教育扶贫顺利开展、实现民族团结做出了重要贡献。在教育扶贫中，现有的内地民族班的办学模式在新疆多民族地区的实践中已经取得了一系列瞩目的成就，为了更好地巩固已经取得的成就，还有以下问题值得进一步思考。

（一）内地民族班政策名额少、需求大，存在供需矛盾

在对新疆多民族地区教育扶贫的调查中，对于"您所知道的教育扶贫政策"这一问题，选择"内地民族班政策（内高班、内初班、内职班）"的占44.84%，接近半数，可见大家对内地民族班政策有一定程度的了解和重视，但是这项政策的下放名额较少，无法满足民众的需求，从而导致供需矛盾的出现，通过访谈，也可以了解到相关负责人也存在同样的困扰。

"我们这里的内地民族班政策很好，我很满意，他们能接受免费的优质的教育，能出去的孩子都很有出息，但是有一个问题，就是名额太少了，分数线太高了，能考上的孩子很少，凡是能考上的孩子都是最优秀的孩子，家里人都特别高兴。"（与乌什县阿克托海乡阿克博孜村妇女主任的访谈记录）

由此可见，内地民族班政策是一项广受认可的利民政策，但由于下放名额较少，无法满足民众的需求，从而导致政策实施不理想，有待进一步完善。

（二）民众对内地民族班的了解途径单一，缺乏全方位的系统了解

目前在政府和相关扶贫组织的共同努力下，民众对内地民族班的办学模式有一定程度的了解，但在问卷调查与访谈中却发现这种了解仅仅局限于表面，缺乏全方位的系统了解，在"您了解教育扶贫政策的途径有哪些"问题中，选择"政府宣讲（大宣讲、升国旗）"的比例达到92.44%，南疆地区选择这一选项的比例更是高达95.28%。通过政府宣讲的方式让更多民众了解政府政策是理想之举，但传播政策的方式传统单一，会造成政策传播速度慢，民众对政策的理解片面等问题，这一观点也可以从与农户的访谈记录中得到进一步的证明。

"我是通过政府和村委会的大宣讲途径了解内地民族班的，除此之外我们家也有小孩儿在上学，亲戚家里也有上学享受一些资助政策的学生，也可以从孩子和孩子的学校那里得知更多的政策信息。"（与喀什地区叶城县依提木孔乡阿勒米勒克村村民的访谈记录）

从与农户的访谈中可以看出，目前民众对于内地民族班的了解途径较为单一，依靠传统的方式可以在一定程度上起到传播政策信息的效果，但是传播速度慢、传播范围狭窄，使内地民族班的办学模式无法实现预期的效果。

（三）内地民族班学生的文化疏离感与心理健康情况未能得到充分关注

内地民族班学生自幼在自己的家乡长大，升入中学后才陆续前往内地接受教育，文化环境的突变让部分内地民族班学生倍感不适，导致其难以在短时间内迅速融入当地文化，由此产生了文化疏离感。[1] 此外，内地民族班学生普遍有较强的自尊心和自我保护意识，很难轻易地放下自己的心理戒备主动融入陌生的环境中，长此以往，内地民族班学生的心理健康情况往往不容乐观。在与内地民族班学生交流后也印证了内地民族班学生的心理情况确实有待得到进一步的关注。

"刚到内地的时候，感觉一切都很陌生，不太适应新环境，也不敢主

---

[1] 旦增卓玛，游旭群. 内地西藏班学生文化疏离感与心理健康：心理韧性的中介效应 [J]. 中国临床心理学杂志，2017（1）：174-177.

动去和别人交流，再就是内地学生真的都很努力，我感觉他们特别优秀，我越来越觉得自己处处不如人，很自卑，心里闷得慌，但不知道应该怎么去表达自己的负面情绪，我不知道该和谁说，也不知道到底应该怎么说。"（与叶城县依提木孔乡阿日希村阿依努尔的访谈记录）

由此可见，远离故土的陌生环境与迥异的文化习俗相结合，导致内地民族班学生无法在短时间内适应新的环境、融入新的文化，由此产生了文化疏离感。此外，学习及生活中的不适感与潜在的强烈自尊心相冲突，由此产生的负面情绪缺乏合适的宣泄窗口，从而产生了抑郁或者偏激等心理问题。

（四）内地民族班学生的学习基础薄弱，学习积极性有待提升

第一，内地民族班是通过采用异地办学的方式，挑选疆内较为优质的生源前往内地接受教育，从而为新疆培养更多优秀人才的办学模式。但东、西部教育资源与师资力量的差异，导致内地民族班学生的学习水平与当地生源之间仍然还有一段距离。此外，内地民族班学生原来所处的环境较为封闭，导致其视野不够开阔，知识面较为狭窄，也为今后学习工作的开展带来一定的不利影响。

第二，学习基础较差，导致内地民族班学生的学习状态难以及时步入正轨，在欠佳的学习成绩的打击之下，其学习积极性很难被激发。此外，双方面临着文化习俗的种种差异，导致其在交往的过程中存在一定的文化隔阂。在这层隔阂的阻碍下，汉族学生不能及时向内地民族班学生提供力所能及的帮助，导致内地民族班学生的成绩难有起色。

（五）内地民族班缺乏系统完善的思政教育体系

在中国特色社会主义新时代的大背景下，对内地民族班学生进行系统有效的思想政治教育是新时代人才培养的一项重要环节。坚持马克思主义理论体系在意识形态领域的指导地位，把立德树人作为人才培养的中心环节，才能促使内地民族班学生树立正确的世界观、人生观、价值观，真正成长为有利于社会主义建设的国之栋梁。[1] 在走访调查中发现，不少开设内地民族班的学校，在课程安排中设置了关于思想教育的相关课程，但由

---

[1] 盖素凤. 内地西藏班学生思想政治教育工作方法研究 [J]. 河北省社会主义学院学报, 2019 (2)：82-85.

于课业压力和升学任务，课时安排上比例较低，落实情况不及预期理想，在与假期返乡的内地民族班学生的交流中更印证了这一结论的正确性。

"我们有一些关于思想教育和民族团结的课程，有的时候也会开展一些民族团结一家亲这类的讲座，但开展的不是很多，我们学生的主要任务还是学习，毕竟面临着高考的压力，我们大多数时间都在上文化课。"（与叶城县依提木孔乡阿日希村阿依努尔的访谈记录）

内地民族班的办学模式的确可以为新疆内学生提供更加优质的教育和更加完善的生活设施，但如果无法将思政教育充分渗透进整体的教学工作中，形成"大思政"的观念，那么内地民族班就难以取得预期成效。

（六）内地民族班学生返疆工作情况未达预期目标

内地民族班学生毕业之后返疆工作不仅可以修复之前断裂的文化纽带，重新实现与家人团聚的梦想，还可以为新疆输入众多的新鲜血液，为故乡的经济建设贡献自己的一份力量。[1] 返疆工作本应该是内地民族班学生与内地民族班政策二者合作双赢的结果，但由于返疆工作的相关机制建设不完善，宣传工作不到位等原因使得内地民族班学生的返疆工作情况未达预期目标，在与相关负责人交流的过程中也能够发现这一问题。

"额敏县人民对内初班、内高班的向往是很高的，他们都愿意把孩子送到内初班和内高班，因为内初班、内高班的条件太好了，不仅仅是免费上学，还会给他们钱、生活用品等，还可以接受免费的服务，能接受更多的知识。他们每次回来都会在家乡传播正能量，传播现代文化知识，影响特别好，他们毕业之后回到本县的特别少，因为这里机会不多，发展空间少，他们的水平已经超出了这里的平均水平，因此大多数不会回来。"（与塔城地区额敏县教科局招办、项目办、资助办负责人的访谈记录）

内地民族班政策是通过采用异地办学的方式，挑选疆内较为优质的生源前往内地接受教育，从而为新疆培养更多的优秀人才，为新疆的经济社会发展添砖加瓦的一项利民政策。但如果内地民族班学生在接受优质教育

---

[1] 阳妙艳，尼玛顿珠. 区隔与整合：内地西藏班教育政策及其实践 [J]. 教育学术月刊，2016（7）：33-42.

后未能返疆参加工作，将会使得内地民族班政策很难实现预期成效。

四、促进新疆民族地区内地民族班教育扶贫的对策建议

（一）扩大内地民族班的受益人群规模

在新疆开展教育扶贫的过程中，各个相关主体基于当地的具体实际颁布了一系列具有指导意义的政策，从不同的角度对教育扶贫的开展进行规划和完善。其中，广大民众对内地民族班政策的呼声很高，但由于名额少、需求大引起的供需矛盾亟待解决，而这种供需矛盾的解决首先要从政策设定上加以完善。

首先，在一定程度上降低内地民族班的分数线，扩大优质教育资源的受益人群。其次，在名额发放的过程中要考虑各地的实际情况，根据考生数量及教育水平合理分配名额，让学生通过竞争获得上内地民族班的机会。最后，以乡镇为单位，对每年考上内地民族班的学生进行集中表彰，悬挂光荣榜、张贴公告以示激励。

（二）丰富宣传方式和加大宣传力度

第一，加大对新媒体技术的利用。可以建立有关内地民族班的微信公众平台或微博账号，定时发放与政策有关的宣传内容，利用新媒体技术，丰富内地民族班的宣传方式，让当地民众更加全面深刻地了解内地民族班。

第二，继续加大政府层面的宣传力度。一方面，通过开展大宣讲、发放宣传手册等方法宣传内地民族班政策，让广大民众进一步了解内地民族班的办学模式、资源配置及实行内地民族班政策对于家庭和社会发展的意义。另一方面，由政府进行协商，邀请参与过内地民族班的学生和老师前往当地向民众面对面介绍自己的经历，以及参与内地民族班办学模式后，给自己的生活带来哪些好处，从而让民众认识到内地民族班办学模式的优越性，促进今后教育扶贫工作的展开。

（三）关注内地民族班学生的心理健康情况

第一，将学业安排与心理健康教育相结合。安排心理老师定期走访内地民族班学生的宿舍，及时了解他们的思想动态，密切关注他们的心理变

化，引导内地民族班学生敞开心扉，积极主动地融入民族团结的大家庭中来。此外，鼓励当地学生给予内地民族班学生充分的人文关怀，主动了解并尊重内地民族班学生的特色文化与民族习性，增强其情感支持。

第二，在内地相关学校建立混合编班的体制。让少数民族学生和汉族学生共同学习，让不同民族的学生在相互交流与学习的过程中感受对方民族文化的底蕴与魅力，从而缓解内地民族班学生的文化疏离感。

第三，树立内地民族班学生优秀典型。选择优秀的少数民族学生作为典型模范，挖掘他们在思想、学习、工作、生活中的优秀表现，并在学校集体活动中进行宣传，发挥其引导作用，增强内地民族班学生的对集体的融入感，从而增强其文化认同感与民族自豪感。

（四）拓展内地民族班衔接教育的途径[①]

第一，制订适合内地民族班学生的教学计划。由于内地民族班学生的学习基础较为薄弱，且需要一定的时间适应学习环境的变化，所以内地民族班的老师需要相应地调整自己的授课计划，探索适合内地民族班学生的教学方法。此外，在教学过程中应适当放慢节奏，为内地民族班学生提供充足的时间进行吸收与反思，从而更好地发挥老师的主导作用与学生的主体作用，实现两地教育的对接与融合。

第二，建立内地民族班学生与当地学生之间的学习帮扶小组。在日常的学习生活中，让当地学生给予内地民族班学生更多学业方面的关注与指导，努力营造和谐团结的班级氛围，加强内地民族班学生与当地学生之间的交流与沟通，从而缓解内地民族班学生学习、生活中的不适感，提升教育的质量。

（五）加强内地民族班的思政教育建设

第一，完善思政课程教学体系。根据内地民族班学生的实际需求制定个性化的教学体系，并注重老师与学生之间的双向沟通，通过沟通，更加真实、有效地了解内地民族班的思政教育成效和学生的思想动态，从而为取得更加理想的思政教育成果提供保障。

---

① 李梅. 基于内地西藏班（校）衔接教育的思考 [J]. 中国民族教育，2016（2）：19-21.

第二，将思政教育相关课程落实到位。落实关于民族团结一家亲和思想政治教育等相关课程，加强少数民族学生的民族团结培训和思想政治建设，牢固树立国家共同体的观念。同时可以结合少数民族的特色文化，将中国传统文化底蕴融入思想政治教育的建设中来，从而强化少数民族学生对中华民族的认同感与归属感。

（六）建立健全内地民族班学生的长效返乡机制

第一，建立内初班、内高班学生的返乡机制。让享受分数优惠的学生在正常读完高中、大学后，返乡工作 3～5 年，工作时长与工作绩效挂钩。此外，建立第三方监督机构。每年年底由第三方监督机构对返乡人才的工作绩效进行系统评估、综合打分，分数越高，任职年份相应缩短，反之，分数越低，任职年份相应延长。

第二，健全内地民族班学生返乡后的培训机制。各基层政府要把内地民族班学生纳入教育培训规划中，增强其实践认知并启发其扎根基层的热情。倡导乡镇干部、村干部等对内地民族班返乡学生开展工作指导，通过该方式使之深入了解民情、民意，便于其今后开展相关工作。

第三，加强对内地民族班学生的职业价值引导。通过线上、线下多渠道的广泛宣传，营造其职业认同的社会舆论氛围，增强内地民族班政策的协同性与连贯性，从而为新疆地区培养更多的优秀人才，确保内地民族班政策达到预期成效。

第十章

南疆幼儿园支教教育扶贫调查研究

摘　要：南疆幼儿园支教致力于改善南疆教育资源匮乏现状，培育当地师资力量环境，是实现新疆区域均衡发展和中华民族伟大复兴中国梦的必行之举。笔者通过问卷法、访谈法和文献法，对南疆幼儿园支教的实际情况进行了调查。笔者立足于师资质量参差不齐、支教教师间缺乏沟通机制、业务培训时间较短、支教干部的作用发挥不够充分、支教教师在教学育儿与扶贫三大工作中负重前行、教育成果的考核机制单一、政策宣传缺乏力度等七个方面的现实困境，结合新疆实际情况，针对南疆幼儿园支教中存在的问题，提出了优化选人用人机制、加强培训和轮训、完善监管和考核机制、充分发挥支教教师的扶贫作用、加强经费支持、加大支教扶贫的政策宣传力度、加强教师间的联动与传承的建议与对策，为南疆幼儿园支教教育扶贫提供了新的思路。

南疆农村地区教师的教学能力对义务教育的均衡发展及脱贫攻坚任务的完成起着至关重要的作用。目前我国已实现九年义务教育，然而部分地区在教师数量、质量方面仍有所欠缺。国家历来高度重视西部地区的教育发展。自 2016 年 10 月起，自治区启动了南疆幼儿园支教活动，通过向南疆农村地区的幼儿园输送高质量人才，为当地的教学实践带来新方法，使学龄前双语教育落到实处，让南疆农村地区的孩子从小学习国家通用语言，为将来的学习生活打下坚实基础。同时，支教政策也是教育扶贫的重要手段之一。2015 年全国两会期间，习近平在参加代表团审议时指出，"扶贫先扶智，绝不能让贫困家庭的孩子输在起跑线上，坚决阻止贫困代际传递。"为此，自治区积极做出响应，在南疆贫困地区教育比较落后、双语教师短缺的情况下，自治区确定行动目标：到 2020 年，南疆学前 3 年双语教育将基本普及；双语幼儿园建设和措施基本满足需求；中小学教学常规管理水平明显提高；双语教师短缺问题基本解决；学前 3 年毛入园率达到 80% 左右。① 可见，南疆学前幼儿园双语教育已经成为新疆全面推进教育扶贫的重要内容，南疆幼儿园支教队伍已经成为扶贫的重要力量。

---

① 赵西娅. 新疆全面提升南疆双语教育质量 [N]. 新疆日报，2019-09-01.

一、南疆幼儿园支教教育扶贫的必要性

（一）有利于推进南疆地区基础教育事业的发展

相较于北疆地区，南疆地区的基础教育，无论是在资金、师资力量、教师的业务水平还是学校条件等方面，发展都较为缓慢，对人才的吸引力弱，教育资源不平衡，所以南疆地区的育才和留才迫在眉睫。为了新疆各地区的均衡协调发展，自治区党委根据南疆贫困地区的实际情况，每年组织一定数量的支教工作人员到南疆贫困地区进行专项支教扶贫，在一定程度上缓解了南疆贫困地区师资力量的不足。习近平总书记在第三次中央新疆工作座谈会上表示："要深入做好意识形态领域工作，深入开展文化润疆工程。"自治区选拔有坚定政治信念的支教工作者为南疆地区带去了先进的教育理念和教学方法，不仅能够帮助学生改变固有的思维方式、拓展理论知识，提高学生的科学文化素养，还能够更新当地教师的教育理念，号召当地教师通过新的教学方式培养学生，实现教育资源的共建共享。

（二）有利于平衡南北疆的教育资源

李克强总理在 2020 年国务院政府工作报告中提出："推动教育公平发展和质量提升。"在城乡二元制结构下，要想跨越城乡、地区、阶层的差异，教育是根本途径。南疆的教育人才较为匮乏，自治区选拔人才去南疆支教，能够有效均衡地区教育资源的差异，为南疆地区的教育部门带去新鲜血液与活力，促进了人才的流动，实现了教育资源的优化配置。教育支援不仅可以促进南疆地区的经济社会发展，还可以预防贫困的代际传递，是实现区域均衡发展必行之策。

（三）有利于南疆地区脱贫摘帽，全面建成小康

生产力的发展水平制约着教育发展的规模与教育结构，但是教育对生产力又存在反作用。教育能够向人们传递知识以增强人们的科学文化素质，培养各方面人才。将所学知识技能投入生产转换为货币，反过来又可以推动经济发展。南疆地区作为新疆脱贫攻坚的重点地区，贫困人口集中连片，数量大；居民文化水平较低，国家通用语言水平不高，与外界沟通不顺畅。支教教师通过指导学生说国家通用语言，认汉字，讲好普通话，

向学生传输基本知识，树立正确的价值观，培养双语型人才，这种人才对于开展新疆地区的基层工作具有重要意义。由于国家通用语言水平不高，导致村民与外界沟通困难，在就业这件事上更是难上加难。支教教师在学校为学生提供学习国家通用语言的环境，并鼓励学生在家也与自己父母使用国家通用语言交流，不仅有利于学生国家通用语言水平的提高，还可以间接地提高学生父母的国家通用语言水平，使他们能够使用国家通用语言顺利交流，便于他们走出村庄，走向城市，在城市寻找就业机会，不再把耕种当作唯一经济来源。在开展脱贫摘帽的工作中，"授人以鱼不如授人以渔"，扶贫、扶智二者的兼顾，对助力全面建成小康社会意义重大。

二、南疆幼儿园支教教育扶贫的现状

在国家对新疆的大力支持和自治区党委的坚强领导下，南疆地区基本实现九年义务教育全覆盖，3 年学前教育和 12 年基础教育全覆盖。为补齐学前教育"短板"，新疆每年选派 5000 名新招录公务员及教师，赴南疆四地州农村幼儿园支教一年。中共中央总书记、国家主席、中央军委主席习近平在 2020 年召开的第三次中央新疆工作座谈会上指出："贫困家庭义务教育阶段孩子因贫失学、辍学实现动态清零。"其中幼儿园支教也为教育扶贫添砖加瓦，在一定程度上解决了南疆地区学前教育上面临的诸多困难，推动了南疆支教教育扶贫工作进入新阶段。

（一）支教教育扶贫队伍规模庞大

从 2016 年 10 月中旬开始，新疆维吾尔自治区党委启动南疆四地州学前双语支教工作，首批选派 3000 名学前双语支教干部奔赴南疆农村地区学前双语幼儿园进行双语支教，为南疆四地州输入了高质量的双语人才资源，缓解了南疆学前双语教学师资短缺的压力，有效促进了南疆学前双语教育环境的改善[①]。从 2017 年起至 2020 年，新疆每年在全疆范围内选派新录用公务员 3000 名左右（不含政法专项编制新录用的人民警察、南疆四地州乡镇公务员、选调生）、新聘用教师 2000 名左右（不含南疆四地州

---

① 赵西娅. 我区启动南疆学前双语教育干部支教工作——首批 3000 名干部将赴南疆支教［N］. 新疆日报，2016-10-15.

新聘用教师），赴南疆四地州农村幼儿园支教一学年①。2016 年以来，支教工作覆盖了南疆四地州 3299 所农村幼儿园，惠及 46 万名幼儿②。由此可以看出，从 2016 年至 2020 年期间，南疆从事支教工作人员数量不断增加，南疆支教教育扶贫工作逐渐规范化，大大推动了南疆教育的发展。自治区派遣支教教师去南疆支教是实现教育惠民，推进双语教育的重要举措，也是缓解南疆教师资源短缺，为南疆地区提供人才的重要手段。

近年来，国家不断加大对边远、贫困地区政策和资金倾斜力度，着力提升当地"软硬件"。为解决当地师资不足的突出问题，新疆通过扩大特岗教师招聘规模、大学生和干部支教、援疆支教等多种方式，"提质"和"扩充"教师队伍。③ 南疆每个深度贫困村至少有 1 名支教工作人员，他们其中有公务员、企事业单位干部、专业教师。支教工作对深度贫困村实现了全覆盖，支教工作人员的到来为南疆地区的教育和扶贫注入了活力，开创了新的局面。

（二）支教和扶贫任务明确

支教教师主要的职责任务有两项：一是以教授幼儿国家通用语言听、说能力和行为习惯养成为主要任务，兼顾宣传党的路线方针政策和各项惠民政策，积极开展民族团结、民族团结进步创建和"三进两联一交友"，促进各民族交流，抵御极端思想向儿童渗透。二是观察了解幼儿，结合幼儿智力发展水平和兴趣爱好，科学制定教学计划，合理安排幼儿学习生活，与家长经常联系，了解幼儿家庭情况。

"刚刚来到这里，对支教工作充满了热情，看到孩子们一张张开心的笑脸，想到自己所做的是一件功在当代，利在千秋的事情，我觉得一定不能辜负自治区领导对我的信任。我和其他几个支教教师认真备课、制作课

---

① 沈祖啸. 新疆选派 5000 名新录用公务员教师赴南疆支教 [EB/OL]. (2017-09-16) [2020-12-20] http://edu.sina.com.cn/official/2017-09-06/doc-ifykpysa3710198.shtml.

② 蒋夫尔. 新疆选派万名干部赴南疆支教 [EB/OL]. (2018-09-12) [2020-12-20] http://www.moe.gov.cn/jyb_ xwfb/s5147/201809/t20180912_ 348397.html.

③ 阿依努尔. "点亮"每一个孩子的求学梦—新疆提升义务教育发展综述 [EB/OL]. (2019-04-03) [2020-12-20] http://www.xinhuanet.com/politics/2019-04/03/c_ 1124320640.htm.

件、精心准备教具，在课件加入民族团结知识，并一起研讨如何用简单轻松的方式能让孩子们记住知识的同时也牢固树立民族团结的信念。为了提升孩子们的国家通用语言水平，我们在与孩子们相处和课堂教学中使用国家通用语言，并鼓励他们回家也要教父母用国家通用语言，为孩子们营造了一个学习和使用国家通用语言的环境，激发孩子们学习国家通用语言和使用国家通用语言的热情。在教学中，教师通过给学生讲故事、教儿歌、学礼仪的方式，逐渐让他们从小养成了良好的学习、生活习惯，可以培养孩子们逐渐形成科学的世界观、人生观和价值观。每当孩子们甜甜的和我说："'记住了''谢谢老师'这种话的时候，我觉得自己实现了个人价值与社会价值。"（对叶城县支教教师依帕尔·麦麦提艾力的访谈）

由此可见，支教教师不仅做到了认真备课，宣传党的方针政策，还通过孩子们心里所能够接受的教育方式向她们传授知识。新颖的教学方式激发学生的学习欲望，让每一位孩子学到知识。

（三）建立了支教教育扶贫的相关制度

教育扶贫是目前我国扶贫工作中至关重要的一项内容，也是实现精准扶贫最有效的措施之一，建立健全相关的制度，将为此项政策的有效实施提供强有力的保障。一是建立了集中培训和轮训制度。在支教教师上岗前，南疆四地州各县（市）教育部门对支教教师进行集中培训，讲授必备的备课和授课技能，确保支教教师能够尽快适应教学工作。二是建立了关心、关爱制度。比如，将支教教师中的党员关系转入支教所在的地党组织，统一规范管理；派出单位和服务单位建立了支教教师关心、关爱机制，解决支教教师的安全住宿和生活的困难，按照《自治区南疆学前双语教育支教干部管理办法（实行）的通知》（新支教组〔2017〕1号）、《关于做好2018年南疆学前双语教育干部支教工作的通知》（新支教组〔2018〕1号）等文件精神落实支教补贴。服务单位定期了解支教教师心理动态并进行心理疏导，确保支教教师保持良好工作状态。三是建立了考核制度。支教教师的考核由年度考核和专项考核两项构成，年度考核主要是依据专项考核结果来确定考核等次，由此来确定最终的考核成绩。专项考核按照《关于印发〈自治区南疆支教干部专项考核办法（试行）〉及〈自治区幼儿园、中小学（园）长南北疆双向挂职专项考核办法（试行）〉的通知》

（新教师〔2017〕22号）等文件执行，考核等次分为优秀、称职（合格）、基本称职（基本合格）、不称职（不合格）四个等次，自治区支教办从优秀等次人员挑选先进再进行表彰。这些制度的建立，有效地保障了支教工作人员的权益，同时又有效地促使支教工作人员落实工作责任，发挥支教作用。

（四）支教教师传帮带作用发挥明显

在南疆四地州农村地区支教工作中开展"传帮带"活动，是使当地教师提高教学水平、改变教学观念的有效手段。在工作中，支教工作人员和当地教师结对互助，实现了新的工作理念、工作思路、教学方法在教学实践中的广泛应用。

在实地走访中，通过与支教教师的交流，了解到他们刚来到这里时，与学生沟通难，与家长沟通更难，工作开展进度缓慢。但是通过开展"传帮带"活动，与当地教师结对互助，慢慢开始接触到少数民族语言，从一句少数民族语言都不会，到能够简单地进行沟通。尤其是在开展"三进两联一交友"、民族团结一家亲等活动的过程中，支教工作人员与学生的家庭结亲认亲，与学生的父母同吃、同住、同学习、同劳动，汉族与各少数民族之间、各少数民族之间增进了解和互信，双方互相学习，支教工作人员也将先进的生产、生活理念带给了结亲和帮扶家庭，帮助他们进一步理清了发展思路，有的甚至通过自己的社会关系帮助结对的贫困户就业和发展生产，促进脱贫攻坚工作的开展。

（五）学生及家长反映良好

南疆四地州幼儿园支教工作已开展5年，一批接一批的支教教师接连奔赴南疆农村地区，为南疆幼儿园双语教育及脱贫做出了巨大贡献。在与家长们的沟通中了解到，他们对开展学前双语教育工作十分满意，认为孩子从小学会了国家通用语言，对于将来的成长和发展十分有用；并认为支教工作人员的到来改变了过去南疆农村师资力量不足的现状，带来了新的教学方式和理念，给孩子们带来了外面的世界，传授了很多新知识，孩子变得更加开朗和自信，教学效果很好。同时，支教教师还积极配合所在村党支部对当地村民进行国家通用语言的培训，宣传党的路线方针和惠民政策，有的甚至还指导农民科学开展种植和养殖。在课余期间，还会进行家访，开展民族团结一家亲活动。家长们还表示，支教教师不仅教育了孩子们，同时帮助他们学习到国家通用语言，而且为其外出务工提供了必要条件，也有助于南疆地区脱贫工作的进行。

幼儿园学生认为支教老师和蔼可亲，耐心细致，像自己的父母一样；部分大班的学生有了自己的理想，长大后想当教师、当人民警察等。可见通过将支教教育和扶贫工作的结合，支教工作人员不但教会了孩子们学习和使用国家通用语言的基本能力，而且逐渐引导孩子们树立了正确的世界观、人生观和价值观，实现了教育公平，也落实了教育部教育扶贫工作的基本要求。

三、南疆幼儿园支教教育扶贫存在的问题

（一）师资质量参差不齐

支教工作人员已经成为南疆地区开展教育扶贫工作的重要力量，在教育过程中，教师是起主导作用的，他们是学生身心发展过程中的教育者、引导者。教师工作质量和其素质高低关系着教育扶贫的工作成效和我国年轻一代公民的素质。支教工作的"选用育留"四个阶段都直接影响着南疆地区教育扶贫的最终结果，所以对支教教师的选拔也就显得尤为重要。

"我们当地幼儿园支教队伍主要是由各民族公务员、企事业单位工作人员和部分教师构成，其中各民族公务员、企事业单位干部占了很大比例。在这些人员中，部分支教教师属于单位边缘化人员或者即将到退休年龄的人员或者刚参加工作人员和主动申请人员等；缺少受过专业教育的幼儿园教师，大家在教育幼儿园学生方面就是'门外汉'。除此之外，支教教师年龄跨度在23岁至60岁之间，专业结构更是五花八门，社会阅历和工作态度也各不相同，甚至有些支教教师由于过于年长根本无法从事教育工作，只能安排一些行政工作等。"（对叶城县支教教师周艳的访谈）

根据与南疆支教教师和当地驻村工作队的访谈发现：目前，自治区在选人方面的侧重点在于是否有人参与支教工作，而参与支教工作的人员数量是否达标则不是择人的必要条件。在支教工作发展中，自治区出现了重视数量而忽视质量的问题，这与建立一支专业化支教教师队伍的目标相悖，这种情况会导致教学水平不易鉴定，教学质量不能够保证等方面的

问题。

（二）支教教师之间缺乏沟通机制

支教教师的目的在于提高欠发达地区的教育水平，而沟通是开展工作的桥梁，加强沟通与交流，这一点不容忽视。第一，支教教师与受援学校教师缺乏沟通与理解。支教教师在刚抵达南疆幼儿园时可能对受援地区的校风校情，教学方式，教学管理等情况没有进行深入了解，与受援学校教师的教学方法有所出入，两支队伍在初期交流不多的情况下，容易在教育方式上产生一些分歧，支教教师的做法不一定会得到理解。我们刚去支教时，发现当地教师的教育方式忽视了孩子的很多方面，当地教师只是给单纯给学生灌输知识，忽略了对孩子心灵的培养，没有正确的和孩子沟通，这不应该是对幼儿园孩子采用的教育方式，幼儿现在年纪过小，这种方式会对他们的心灵造成伤害，不利于孩子的性格培养和未来的成长。但当地教师对我们的意见不置可否，仍然采用原来的教学方式，因此经常会发生一些争执。（对叶城县支教教师依帕尔·麦麦提艾力的访谈）

第二，新一批支教教师与已经返回的支教教师缺乏沟通。正所谓："前辈带路，少走弯路。"这些经验对于那些知其大略的新一批支教教师来说是弥足珍贵。根据与南疆支教教师的访谈了解到支教教师在完成支教任务后，返回原所在工作单位，缺乏与新支教教师的沟通，无法将自己所积累的教学经验还有当地的风土人情分享给他们，而新一批支教教师在未来教学中存在问题，也无经验可寻，这种情况也会导致新支教教师需要较长一段时间适应，可能会耽误教师的授课进度。有经验却缺乏机会分享，渴求经验却缺乏交流平台，这种信息不对称现象导致了资源的浪费。

（三）业务培训时间较短

较长时间的业务培训不仅能够使支教教师熟悉工作职责与流程，还能够让他们更加了解当地的风土人情。支教人员的工作岗位主要是南疆地区各农村幼儿园，这些支教力量只通过简单的岗前培训就投入到教学和管理工作中，凭借的主要是自身对幼儿教育工作的理解和以往接受教育时的经验和支教工作的要求，缺乏系统性开展工作的能力。

每年8、9月份新疆各地州都会抽调一批支教人员，然后组织在各地方党校进行大约1周的集中培训。培训内容以教学的业务内容为主，对支教

工作人员进行开展教育扶贫工作必备政策和能力的培训是没有多少的。(对叶城县支教教师周艳的访谈)

支教教师的业务培训周期较短，没有办法在短时间内全面接收到教学、育儿以及政策理解等能力的培训，只能学到其中一方面知识。教育扶贫的核心在于教育，但是最终落脚点和根本目的是为了扶贫。支教团队缺乏对扶贫知识和政策的掌握，就无法在学生家长与村民中传播，村民对党的教育扶贫政策知之甚少，可能会延缓当地脱贫的脚步。

(四) 支教干部的作用发挥仍然不够充分

支教工作开展以来，一大批支教工作人员离开繁华的城市和舒适的工作环境，到南疆四地州的乡村开展工作，为当地的教师队伍注入了新鲜血液，优化了当地教师队伍结构，有效推动了支教教育扶贫工作深入开展，但支教工作人员的作用发挥亟待加强。通过对阿克苏地区乌什县 160 名支教干部支教过程中面临的障碍进行了调查统计，发现主要存在以下三个方面的问题：一是语言沟通成阻碍。绝大部分支教工作人员运用少数民族语言能力较差，与学生进行互动教学的效果不够理想，与学生父母也不能进行顺利交流。二是扶贫作用发挥不够明显。支教扶贫是开展教育扶贫的一个重要层面，一部分支教工作人员的工作中心主要停留在支教层面，对教育扶贫层面研究的少，有针对性地对学生及学生家庭、甚至是贫困群众进行教育扶贫的措施更少。三是部分支教工作人员不熟悉当地情况，缺乏在农村开展工作的经验，在进行家访、开展惠民政策宣讲、党的路线方针政策宣传方面还存在很多不足，了解学生家庭情况不深入，宣讲惠民政策不能联系每户家庭的实际情况，只是照本宣科，讲不深也讲不透。对于一个支教教师来说，就要把自己的思想和行动统一到学校的总体安排部署上，坚定不移地贯彻执行党中央、自治区和学校党委制定的方针、政策和各项具体的工作决策，立足本职岗位，为教育事业的发展作出应有的贡献。

(五) 支教教师在教学、育儿与扶贫三大工作前负重前行

支教教师的主要任务是教育与扶贫。除了每日常规化教学和照顾幼儿的任务，教师每周还承担着家访的任务，通过家访了解孩子的家庭情况，拉近教师与学生和学生父母的关系，便于为每个家庭规划合适的脱贫方式。

"我们村里这个幼儿园基础设施不完善，不仅缺乏教学设备，甚至缺少照顾幼儿起居和生活的保育员，而这个任务也同样压在我们支教教师的身上，我们除了给学生上课，他们在学校的起居和仪容仪表都是我们负责，我们每天周转与这些任务之间非常疲惫。除此之外，我们自身还有繁重的学习任务，参加当地会议，撰写学习笔记也是样样都不能缺少的，因为这些都被列入教师的年终考核。我们由于工作任务较重且没有时间，支教第一年中午没有吃过午饭，第二年的工作任务才减少一些。虽然我们会把每一件任务都努力完成，但是每天真的很累。"（对叶城县支教教师依帕尔·麦麦提艾力的访谈）

由此可见，众多的工作任务压在教师身上，不仅对教师的身体上造成了损害，还对教师造成了心理方面的损耗。教师在这种高压的环境下，虽然可以顺利完成任务，但是自己却身心皆疲。长此以往不利于留住人才。

（六）教育成果的考核机制单一

衡量支教教师是否良好的完成支教任务的考核方式就是学生成绩，学生的成绩优异说明教师的任务顺利完成。虽然自治区出台了相关规定，各地州结合实际进行了细化，但是还不够科学合理。有些地方教育部门对支教干部的支教角色定位不够准确、对支教工作、支教扶贫工作责任分解还不到位，对支教干部带班、授课、考核等均按当地原有的考核方式进行一刀切，影响了支教工作人员的积极性，也使支教工作人员在工作中处于被动地位。

在考核支教成效时，上级领导往往还是以个人汇报与学生测评为主，对教学实效、扶贫惠民政策宣讲、"三进两联一交友"方面的考核涉及的不多，比重也比较小。而且教师对学生的关爱是不能量化的，同样也就不能列入考评中，这与支教教师的教育方法相悖，他（她）们付出的不止是在课堂上的时间，还有课下对孩子的关爱，这些也都是考评人员看不到的，她们往往付出了更多的精力，这种考评方式对她们有些不公平。（对乌什县党校校长彭浩轩的访谈）

对教师教学质量考核以班级成绩为主，这背离了素质教育和支教教育的目标，仅仅根据一方面因素对整个支教期间教师的贡献进行评判，结果有失公正。在一定程度上影响了教师的工作积极性，这也会导致下一批教师在工作岗位上只重视学生成绩，忽视对学生的关爱。这种重考核、轻管理的考核模式，缺乏一定的科学性，考核机制的转变应提上日程。

（七）政策宣传缺乏力度

当地教育部门以及当地教师对支教教师的任务与目的了解不足，对支教教师的作用认识不充分。问卷数据显示，在"您知道的教育扶贫政策有哪些"这一问题中，选择"教育援疆政策（培训各级各类教师，派出支教教师）"这一选项的仅有 45.44%。但是在某些地区，实际情况却比数据更加不容乐观。

我们刚刚来到这个地方的时候，当地教育部门与幼儿园教师根本不清楚我们来南疆幼儿园的目的，当地教育部门回复我们说没有接到上级部门的通知。在后来熟络之后，与当地教育主管部门的工作人员聊天才知道，以为我们是工作任务完成得不好被单位派来或是以为我们的目的是来监督地方的教育工作人员。（对叶城县支教教师依帕尔·麦麦提艾力的访谈）

导致这一问题出现的根源就是政策的上传下达不通畅，政策的执行与落实过程中出现了问题。支教教师来到南疆开展工作，上级机关和原工作单位也没有对支教教师后续情况进行过多追踪与关注，这一点是需要加强的。政策宣传力度不到位，上级机关与当地部门缺乏沟通，忽视了支教教师的作用，造成了人才资源的浪费。

四、促进南疆幼儿园支教教育扶贫的对策建议

（一）优化选人用人机制

人员的选用对政策执行的结果有着直接的影响，保证支教人员的质量已成为成功开展教育扶贫工作的关键。首先，秉持公平、公正原则选拔支教人员。严把选人、用人环节，优先选择政治观、品行关、能力关、作风关、廉洁观过硬的人员，同时对报名参与的人员进行笔试、面试等多方面考察，确保其真实具有成为支教教师的能力，坚决匡正选人、用人机制，如单位组织专门的调查组，与报名人员的同事、上级进行交流，对其基本情况进行了解。其次，自治区应当建立反馈机制。为避免派出单位故意将边缘化人员派出，自治区应组织专员接受接收单位的意见反馈，由接收单位优先选择积极性高、责任心强的人员，坚决淘汰滥竽充数的人员，清除

不作为和慢作为的人员，以确保支教扶贫政策的有效落实。

（二）加强培训和轮训

支教的目的就在于通过教学活动帮扶、引导学生，因此，支教人员的教学能力起着至关重要的作用。在确定参加支教工作的人员后，先由自治区相关部门统一组织这部分人员进行一至三个月的集中脱产培训，系统讲授开展支教工作的方法、必备的教学技能和扶贫必备的基本能力，培训合格后再派遣到南疆四地州幼儿园开展工作。在支教工作进行中，各县（市）组织部门、教育部门等要定期对支教教师进行轮训和培训，为其解决在实际工作中遇到的问题，确保他们能够按照自治区要求完成其承担的工作任务。在调研中了解到，相关部门在支教开始前对教师进行了为期9天的岗前培训，对教师教学必备的能力进行了简单的培训，但从一个岗位转向另一个岗位仍需要一定的适应时间，教学专业能力等将直接影响到支教的成果，此方面的制度仍需进一步完善。

（三）完善监管和考核机制

合理的监督、考核机制对支教工作的顺利进行起着激励作用。首先，增加考核单位。开展支教工作是一个系统性工作，不是一个单位和某一个支教工作人员的任务，要确保支教工作见实效，学生能学懂、家长能满意、社会效益好，需要对参与支教工作的各方进行共同考核，将组织单位、教育单位、派出单位、用人单位等纳入考核范围，对其组织、培养、使用情况进行考核，确保这些部门能够选好人、培养好人和用好人。其次，拓宽考核范围。对支教干部的考核要更加全面，不仅要重视考核课堂教学的内容和实效，还要重视考核其在基层按照支教任务开展其它工作的实效。不断健全和完善支教教师管理制度，如考勤制度、派出单位联系关爱制度、监督制度等，确保支教教师行为进一步规范，也更能够增加教师工作的积极性。

（四）充分发挥支教教师的扶贫作用

支教、支教扶贫作为教育和教育扶贫工作的重要内容，也是阻断贫困代际传递的重要力量，对幼儿的教育不仅仅是教会他们说国家通用语言，还要教会他们使用国家通用语言。同时还要将中国优秀的传统文化传递给孩子们，在教授传统文化的过程中教会孩子们认识中国历史、新疆历史，在他们的心中种下对伟大祖国的认同、对中华民族的认同、中华文化的认同、对中国共产党的认同和中国特色社会主义的认同。帮助他们树立正确的世界观、人生观和价值观。通过"小手拉大手"，影响和改变孩子的家庭，使家长明白学习国家通用语言的重要性，主动为孩子营造学习环境，最终改变南疆农村封闭保守的现状，让知识闪耀光芒。在进行家访的过程中，支教教师可运用自身所拥有知识指导村民的生产生活，并向其宣传与其相关的惠民政策，加快脱贫攻坚进程。

（五）政府加强经费支持

支教教师有教学、育儿、扶贫三大工作任务，在有限的精力下，繁重的任务使教师的身心状况日渐疲，理应加强对支教地区的经费支持，首先，增加人员招募费用。在现有情况下，保育员数量不足，由政府提供资金支持，在当地居民中发布招聘，适当增加保育员数量，一方面能使教师将更多的时间花费在备课、扶贫这两项工作任务上，另一方面解决了一部分当地人员的就业。其次，加强对支教教师基本生活保障的经费支持。政府应专门建立对支教教师的关怀制度，在餐饮、居住方面给予适当补贴，由政府将款项拨付学校，校方统一为教师提供。如冬季保证教师宿舍的供暖情况，在对一位支教教师的访谈中了解到，职工宿舍初冬较为寒冷，然而后勤的煤炭供给不足，教师长期处于一个寒冷的环境中休息，这对支教教师的身体产生不良的影响，进而对支教工作的进行也造成阻碍。

（六）加大支教扶贫的政策宣传力度

为提升南疆的教育水平，实现区域协调发展，自治区从各个区直和南疆四地州的机关事业单位中选派一批干部前往南疆乡村双语幼儿园支教。然而有的接收单位甚至不了解此项政策，认为这些教师是在原工作单位工作完成得不好，因此来本地支教，这样的误解使得支教教师不能够发挥出最大的作用，进而造成资源浪费。首先，落实支教政策执行过程中的传达工作。政策出台后，执行单位按照规定派遣干部前往支教，接收单位的上级机关也应做出安排并告知接收单位，传达文件内容，使接收单位了解支教教师前来的目的与意义，为其安排合适的教学任务。其次，通过新闻、自媒体等多种方式进行政策宣传。加强宣传能够使更多的人了解此项教育扶贫政策，在对政策的目的和意义有着正确认识的基础上，当地的家长和教师能够积极配合支教教师的工作，对当地教育工作、扶贫工作的开展都起着积极的推动作用。

（七）加强支教教师间的联动与传承

在支教过程中，教师可以对自己的经历进行记录，如刚到目的地时如何适应教学环境，刚开展教学活动时有何阻碍，在支教活动结束后，参与支教的教师应当对整个支教过程进行总结，将自己遇到的问题与解决方案一一记录。同时，当地学校可以将前一支教队伍与后来的支教队伍组织起来，进行一次经验交流分享会。若两批教师交接时间有间隙，则可举行线上的经验交流分享会，这一活动能够使新的支教教师的工作更高效、更具有针对性。

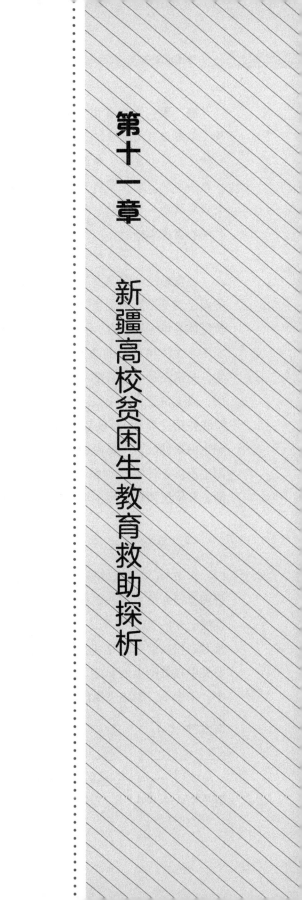

第十一章

新疆高校贫困生教育救助探析

摘　要：高校贫困生教育救助问题是新时代高校教育扶贫的重要环节。笔者通过文献法、个案法、对比法对新疆高校贫困生教育救助情况进行研究。笔者发现，新疆高校贫困生教育救助在取得成效的同时，也存在一系列问题。重塑贫困生的认定指标体系、促进监督检查机制多元化、健全教育救助工作机制、加强贫困学生精神援助是完善新疆高校贫困生教育救助的重要之举。

在全球经济高速发展和中国特色社会主义市场经济高位发展的今天，贫困已经不再局限于金钱和物质的匮乏。精神、思想和意识等更深层面的价值体系培养和教育，更应该成为国家、社会，尤其是高等学府，培养高端人才关注和努力的重点和方向。本章所提到教育救助对象即高校贫困生，是指在普通高等学校学生中，由于家庭经济困难，无力支付教育费用，或支付教育费用很困难的学生，其中教育费用包括学费、书费、生活费和住宿费等①。高校教育救助正是保障高校贫困生这一群体的基本学习和生活条件政策，是由国家、社会和学校三方为主体，其任务是为高校贫困生提供各种物质和精神方面的救助，以保证高校贫困生正常的学习生活，并促进高校贫困生形成健全的人格和健康的心理。

一、文献综述

自 1996 年国家教委、国家计委、财政部联合颁发的《高等学校收费管理暂行办法》高校贫困生的教育救助问题就成为学界关注的热点始。自发展至今的 20 多年里，政治学、管理学、民族学、哲学、统计学等各专业都对高校救助的研究有所涉猎。目前，对于高校贫困生的教育救助研究主要集中在贫困生的认定、贫困生的心理指导、资助政策研究等领域。其中，朱永平、李成飞提出将大数据技术运用于贫困生的精准认定、精准资助实践②；白华、徐英提出了六个高校贫困生资助绩效评价指标，并用层

---

① 肖恒. 高校贫困生心理健康问题及对策研究 [D]. 重庆：西南大学，2009：13.
② 李成飞. 大数据背景下高校贫困生资助工作精准化研究 [D]. 南京：南京邮电大学，2017：28-42.

次分析法算出各指标权重①；张静、冉光仙认为应该加强发展性资助，即进一步拓展精神、心理和能力的救助和辅导②；余秀兰探析了我国新中国成立以来大学生的资助政策，总结出我国资助政策的价值观主要有公平、效率、充足和激励③。总体来看，对于高校贫困生资助问题的研究包括了从政策到实施过程再到实施效果的各个方面，研究方法和解决途径也层出不穷。不足之处在于，目前对于新疆高校贫困生的大部分研究仍停留在五年前，主要从高校贫困生的认定工作、心理指导、就业指导以及少数民族贫困生的教育救助问题入手，提出了相关解决措施，对于近年来新疆高校贫困生教育救助情况缺乏总结和研究。基于此研究背景下，综合运用对比分析、文献研究、个案分析等方法力图总结分析近年来新疆高校贫困生教育救助取得的成绩以及存在的问题，结合教育扶贫政策要求，对"贫困生"的认定体系做了重塑和优化，力争实现高校育人的"授人以渔""智力脱贫""思想脱贫"。

二、新疆高校贫困生教育救助的现状

（一）新疆高校贫困生的教育救助资金投入不断翻番

2007 年到现在，中央和自治区不断加大对家庭经济困难学生教育救助财政投入力度，教育救助资金大幅增长。新疆教育救助资金投入由 2007 年的 1.36 亿元④，增加到 2018 年的 58.54 亿元，提高了 40 倍⑤；2007 年至

① 白华. 高校贫困生资助绩效评价指标体系设计 [J]. 黑龙江高教研究，2016 (6)：116-120.

② 张静，冉光仙. 教育精准扶贫下高校贫困生发展性资助的实现路径 [J]. 知行铜仁，2018 (3)：46-49.

③ 余秀兰. 60 年的探索：建国以来我国大学生资助政策探析 [J]. 北京大学教育评论，2010 (1)：152-163.

④ 新疆维吾尔自治区教育厅. 新疆维吾尔自治区学生资助工作十年发展报告 [R]. 新疆教育厅内部资料，2017：8.

⑤ 赵西娅. 新疆学生资助政策实现"三个全覆盖" [EB/OL]. (2019-09-15) [2020-5-31]. http://www.xjdaily.com.cn/c/2019-09-15/2082904.shtml.

2018 年，新疆的教育经费投入从 152.72 亿元①上升至 951.6 亿元②。2007 年至 2016 年间，146.61 万名新疆高校家庭经济困难的学生受到教育救助顺利入学并完成学业，累计投入金额 42.33 亿元③。

（二）新疆高校贫困生的教育救助体系初具模型

一是形式不断丰富。1977—1985 年，仅包含人民助学金和奖学金；1986—2006 年，增加了贷、勤、补、减，其中国家助学贷款开始实施并成为最主要的资助形式；2007 年至今，增设国家奖学金和国家励志奖学金等，市场经济的多元化参与主体成为各类教育救助的中坚力量。

二是政策体系不断完善。国家和自治区的教育救助政策构建了各教育阶段的全覆盖和不同性质学校的全覆盖，构建起以政府为主导、学校和社会为补充的"三位一体"教育救助格局，形成了普惠性教育救助、助困性教育救助、奖励性教育救助和补偿性教育救助有机结合的"多元混合"教育救助模式。例如，在新疆大学形成了多元的资助模式，包含优秀学生奖学金、社会各界助困类奖学金、国家/新疆类助学金等 70 余项，教育救助学生 13323 人次，教育救助的总金额达 4932.806 万元④。

三是管理体系初步建立。建立了自治区、地（州、市）、县（市、区）和学校四级学生教育救助管理体系和宣传体系；建立了自治区和地（州、市）学生教育救助两级监督检查机制，不定期对各地、各学校教育救助政策落实及资金管理情况进行检查和委托第三方审计。2019 年，自治区委托第三方审计机构对南疆四地州 12 个县市进行审计，涉及资助资金

---

① 中华人民共和国国家统计局. 中国统计年鉴 2007 [M]. 北京：中国统计出版社，2007：812.

② 新疆维吾尔自治区教育厅. 关于 2018 年全区教育经费执行情况统计公告 [EB/OL].（2019-12-29）[2020-05-31] http://www.xjedu.gov.cn/mlgk_ Shtml/info.shtml?id = 532.

③ 新疆维吾尔自治区教育厅. 新疆维吾尔自治区学生资助工作十年发展报告 [R]. 新疆教育厅内部资料，2017：8.

④ 同上。

11.2亿元①。此举对规范各级学校教育救助管理起到了强化作用；按照"部省两级建设、部省地县学校五级应用"的基本框架，已经建立了依托教育部和自治区数据中心的教育救助信息管理系统。"数据向上高度集中，应用向下无限延伸"的管理机制和技术保障②，为学生教育救助信息的精细化管理奠定了基础。

（三）新疆高校贫困生的教育救助基础保障能力不断提升

一是精准教育救助工作机制逐步建立。对60.8万名建档立卡的学生名单，按学段进行了梳理，并将建档立卡名单全部发到各级学校，确保家庭经济困难学生精准教育救助。例如，新疆师范大学对全校孤儿、单亲家庭学生进行摸底，并给予特殊现金补助，并参评各项奖助学金及临时性困难补助，对家庭经济困难毕业生开展离校补助、就业补助等，形成学生在校成长全过程跟踪。

二是多渠道财政投入体系不断完善。目前已建立起以中央、自治区财政投入为主，地方、学校自筹和社会捐助资金为辅的资助经费保障体系，有效确保了家庭经济困难的学生及时、足额得到教育救助，形成了以政府为主导、学校和社会为补充的"多渠道投入"教育救助体系。例如，新疆大学在国家和自治区教育救助政策的基础上，还设有优秀学生奖学金、国防生奖学金、西部开发助学金、香港求是科技基金会奖学金、明天女大学生奖学金、深圳助学金、建行爱心奖学金等10余项奖助学金，每年资助金额800余万元。

（四）新疆高校贫困生的教育救助育人功能不断升华

新疆高校把教育救助和育人有机结合，紧紧围绕"立德树人"，将励志、诚信、感恩等教育活动融入整个教育救助过程，着力培养受助学生的自强精神和社会责任感。自治区教育救助中心配合全国教育救助中心组织

---

① 新疆维吾尔自治区教育厅. 自治区教育厅统筹推进教育系统民生领域专项整治工作［EB/OL］. （2019 - 08 - 07）［2020 - 05 - 31］https：//www. 360kuai. com/pc/9812d283c600d0d9c?cota=4&kuai_ so=1&tj_ url=so_ rec&sign=360_ 57c3bbd1&refer _ scene=so_ 1.

② 新疆维吾尔自治区学生资助管理中心. 十年资助，温暖陪伴［N］. 新疆日报，2017-09-06（05）.

开展了教育救助育人宣传评选表彰活动、高校学生"诚信教育"活动、"国家教育救助·助我飞翔"全国优秀励志典型评选活动、"助学·筑梦·铸人"主题征文活动。这些活动弘扬主旋律，传播正能量，引导培养了一大批受助学生成长成才。

三、新疆高校贫困生教育救助存在的问题

（一）贫困生认定范畴片面

一是高校的教育救助对象长期局限在家庭经济困难的学生，对贫困的认定也只限于学生提供的家庭贫困证明。作为国家培育高等人才的高等学府，对学生的教育救助仅停留在金钱补助的层面，会对为"实现四个现代化、实现伟大复兴"培养高端复合型人才造成价值体系匮乏的思想空壳。精神、思想和意识等更深层面的价值体系培养和教育，更应该成为国家、社会，尤其是高等学府，培养高端人才关注和努力的重点和方向。

二是贫困生的标签对学生的心理健康造成影响。目前，新疆高校对于贫困生基本上是简单粗暴的家里缺钱的单一认定，如此认定标准，对于心理素质脆弱的学生来说，一方面给学生心理健康造成负面影响，有时为了不被贴上"贫困"的标签，即使真的有困难，也没有真实反映；另一方面，让学生对于"成功""富裕"等价值观的塑造造成错误的导向，攀比、嫉妒、金钱至上、读书目的金钱论等错误认知会误导学生在学校和走上社会的价值观判断取向，与社会主义核心价值观的培育和认知价值背离。

（二）监督检查机制落地执行存在越位和缺位

教育救助的监督检查存在不被重视、被动检查、事后补救等缺位和越位现问题。相对于教育整体投入来说，教育救助只是冰山一角，学生作为受益群体，对教育救助的政策、资金量、救助渠道和形式并不完全知晓，有学者对"贫困生对家庭经济困难学生评定标准的看法"进行问卷调查，调查结果显示，48.09%的被调查者回答说不清楚①。虽然有两级监督机制，但只有少部分县市自行对所属学校教育救助资金进行了审计，甚至个

---

① 张军. 新疆轻工职业技术学院学生资助管理问题研究［D］. 石河子：石河子大学，2017：29.

别地方主管部门不作为，政策执行以来，从没有开展过监督检查，使监督机构形同虚设、问题不断。在个案访谈时，笔者了解到：个别新疆高校出现过负责发放奖助学金的老师伪造假名单、贪污奖助学金的行为；一些高校实行将补助金额发到饭卡中，再通过小商店刷饭卡，换现时学校收取一定比例的金额；评选助学金存在轮流坐庄的现象，这违背了精准资助的原则；助学金不能按时发放等现象。

（三）教育救助工作机制不够完善

一是教育救助工作人员专业水平有限。目前，高校教育救助育人工作基本由学校学生工作处的资助管理中心负责。负责教育救助的工作人员大都是学校学生工作处的工作人员、学院辅导员、还有可能是外聘人员。在庞杂琐碎的学生教育救助工作中，这些人员虽然有一定的业务能力，但缺乏精准教育救助工作的专业知识和管理能力，因此对精准教育救助工作缺少全面的认识，无法妥善处理精准教育救助过程中遇到的问题。通过与新疆大学负责学生工作的老师访谈中，有些工作人员表示："在每年的奖助学金评定的时期，学校会增派人手过来，他们只从事业务性的工作，大多情况下都是现学现做的状态。"

二是教育救助育人机制成效不足。经实地了解与高校官网调查显示，新疆各高校学生工作处的人员配备在20人左右，在日常情况下学生资助管理中心工作人员有2~3人。因此现在高校学生资助管理中心的工作状态是：日常事务性工作繁杂琐碎、人员不足、教育救助育人机制不完善、甚至被看成是收表发钱的工作。在此情况下学校资助管理中心的工作重点是完成每年的学生经济资助，教育救助育人工作只是为了完成政策指标，浮于形式。现有的育人工作集中表现在征文、演讲等活动形式，经过访谈了解到，这样的活动自愿参加的学生极少，往往是学校硬性要求各学院选派一人参加，然后学院将任务下发到班级，各班会挑一名写作文笔优秀或者班干部报名参加，这种育人工作仅仅是为了完成教育救助的指标。

三是现存勤工助学机制落后。目前，新疆多数高校设立了勤工助学岗位对贫困学生提供一些经济援助。一方面，勤工助学岗位的数量和透明度不够。在2018年度新疆大学设置勤工助学岗位多达372人，每人每月200元。实际上，并不是每月按时发放200元，新疆大学采用的是提升助学金等级的方式。此外，据访谈了解到，很多学生不清楚学校的勤工助学岗有哪些，也少见此类通知。知道内情的学生表示，学校的勤工助学岗位往往由处理学院行政事务的老师最先接到消息，经过主观推断推荐自己熟悉的且较贫困的学生接任岗位，或者由学院的学生会干部担任。由于学校以及各学院为省略诸多的事务性工作，且希望争取到优秀负责的学生，往往采取这种熟人推荐的方式，此种做法丧失了教育救助工作的公平公正公开性质。另一方面，目前新疆高校提供的勤工助学岗位仍然多为食堂、图书馆、后勤管理等岗位，这些岗位缺乏技术和专业因素。例如，在食堂的工作是收集学生意见，监督饭菜卫生等；在图书馆的工作是开关电脑、打印机、收拾座椅等；后勤管理岗位更是乏味，最多的工作便是校园巡逻。这些工作无法有效地将学生的专业技能与勤工助学岗位有效结合。

（四）存在将精神贫困等同于心理问题的认知偏差

为防止贫困学生出现自卑、孤僻等负面情绪，新疆大多数高校开设了心理咨询室并定期组织心理讲座。实际上，新疆大多数高校关注的是贫困生的心理健康问题，存在忽视或者混淆精神贫困问题。将精神援助和心理健康教育混为一谈，精神援助是对贫困生在思想道德品质、世界观、人生观、价值观以及情感方面的教育和引导。对于我们一般常见的心理健康教育是指为确保贫困学生在心理和行为的各个方面保持良好的状态所进行的咨询服务、教育讲座等内容。精神援助和心理健康教育两者虽然在内容上有交叉，但与当今的现实情况来看，只有部分贫困生的有些行为表现出的是心理问题，其他贫困生更多的是表现出前途命运、学习生活等方面的困惑，因此精神援助正是现在高校贫困学生需要且缺乏的。

四、完善新疆高校贫困生教育救助的对策建议

高等学校要从经济、思想、价值体系等层面使高校贫困生真正实现等靠要的断奶独立，全面认识综合人才的全新内涵，让真正需要被扶助的贫困生实现精神独立、价值体系正确建立是新疆高校贫困生教育救助瓶颈突破的路径选择。

（一）重塑贫困生的认定指标体系

对贫困生就是缺钱的简单粗暴的单一认定，必须要调整和优化长期以

来的认定标准和指标体系，这是解决新疆高校贫困生教育救助所有问题的根本。根据新疆高校贫困生的致贫原因，我们构建了一套多元指标综合权重评分认定体系，以贫困指数为表现形式，一、二、三类指标各赋分 100 分，总分 300 分，一、二、三类指标分别对应经济基础水平、行为贫困系数和心理贫困系数，具体计算公式如下（见表 11-1）：

贫困指数 = 经济基础水平 × 100% × 0.3 + 行为贫困系数 × 100% × 0.3 + 心理贫困系数 × 100% × 0.4。

其中，经济基础水平 = [$\sum$（一类指标各分项指标得分 × 对应权重)/ $\sum$ 一类指标总分 × 对应权重] × 100%；

行为贫困指数 = [$\sum$（二类指标各分项指标得分 × 对应权重)/ $\sum$ 二类指标总分 × 对应权重] × 100%；

心理贫困指数 = [$\sum$（三类指标各分项指标得分 × 对应权重)/ $\sum$ 三类指标总分 × 对应权重] × 100%。

表 11-1　贫困生多元指标综合权重评分认定体系

	分项指标	赋分	赋分权重	评定依据
一类指标	享受城镇居民最低生活保障补助或建档立卡家庭学生	(0, 30)	0.3	提供民政部门证明
	农村低收入家庭学生（人均年纯收入 1000 元以下）	(0, 10)	0.1	提供民政部门证明
	单亲家庭经济困难学生	(0, 5)	0.05	提供民政部门证明
	烈士子女	(0, 20)	0.2	提供民政部门证明
	因父母病重或发生突发事件导致家庭经济困难学生	(0, 10)	0.1	提供民政部门及医院证明
	父母一方或双方因重病、残疾丧失劳动能力，家庭无固定收入，本人无经济来源的学生	(0, 10)	0.1	提供民政部门及医院证明

续　表

	分项指标	赋分	赋分权重	评定依据
一类指标	孤儿且无经济来源	(0，5)	0.05	提供民政部门证明
	父母为下岗职工	(0，10)	0.1	提供民政部门证明
二类指标	在校消费水平	(−30，30)	0.3	党支部或团支部对学生的年度综合评定结果
	在校参与活动情况	(−20，20)	0.2	
	在校学习情况	(−10，10)	0.1	
	独立获得收入的表现和能力	(−20，20)	0.2	
	在校生活的独立自主表现和能力	(−20，20)	0.2	
三类指标	心理健康程度	(−40，40)	0.4	心理评估机构（部门）周期性心理测评结果
	思想的独立自主程度	(−40，40)	0.4	党支部或团支部对学生的年度综合评定结果；其他民主测评
	需要救助的其他情况	(−20，20)	0.2	

需要说明的是，一类指标具有较强的刚性，二三类指标相对柔性，之所以赋分权重占比为3：3：4，是想说明经济基础虽然是基础性因素，但在决胜全面小康社会建成的关键年和脱贫攻坚战役的收官年，智力扶贫、思想脱贫更是高等学府对国家未来高端建设者和接班人的至关影响因素。这样的指标认定方式可以减少人为因素干扰，同时社区、民政部门、医院及派出所等多机构的证明，增大了指标的真实性。二三类指标是综合运用党支部或团支部或班级会议或访谈，以及心理评估机构（部门）的周期性心理测评结果等形式，由班里学生对贫困生的生活状况和学习状况进行打分，这样也可以由贫困生的生活状况来证明其佐证材料的真伪。对一、二、三类指标赋予不同的权重，进行加权综合比较，以贫困指数降序排序，作为最终评定贫困生贫困等级的依据。

（二）促进监督检查机制多元化

一是丰富高校教育扶贫的政策宣传形式。通过新媒体、客户端等多种渠道，不断改进和创新宣传方式，充分发挥自治区、地（州、市）、县（市、区）和学校四级学生教育救助管理体系和宣传体系的协同效用，对国家教育救助政策进行全方位、多角度宣传，重点抓好关键地区、关键时间阶段和关键人群。特别要加强对农牧区的宣传，尤其在招生时节、每年春秋两学期开学前等重点时间阶段的宣传，加强对低保家庭、因灾因病致贫等家庭的宣传，使国家教育救助政策和监督检查机制等权益保障机制做到家喻户晓。

二是健全"学生+教师+学校+社会"四维立体的网格全覆盖监督检查机制。增强学生对教育救助的主人翁权益意识。学生是高校教育救助的权利主体，让权利受益人认知政策、合法享用权益、明确或者自发建立自我对教育救助权益的维权意识和合规监督意识，通过学生层面调查班里真实需要教育救助的贫困学生，并且可以排除一些假贫困生，积极引导学生参与教育救助的监督工作，能够增强学生对于教育救助政策的认同感和使教育救助过程充满公正。学生积极主动监督教育救助体系的合规运行，是保障教育救助政策落地执行和对监督检查机制正位运行的第一层监督关卡。

三是发挥教师和学生教学相长的零距离沟通优势。在高校中具有较多经验的从事学生工作和教学工作的教师要零距离的与学生进行沟通交流，通过课上的教学工作、课下的沟通交流，做到学生心理状况随时掌握，随时应对学生可能出现的心理和生活上的问题。在广泛开展的"三进两联一交友"活动中，教师可以广泛深入到学生的日常生活中去，从学生的衣食住行以及与学生家长进行联系，了解学生的家庭经济情况，有条件时还可进行家访。强化学校教育救助监督机制。学校是教育救助政策的实施和落地载体，在学校以及各学院设立举报信箱，利用教育救助平台设置匿名监督意见箱，向学校和社会开放，通过网络社交平台如邮箱、微博等收集意见和发布情况。落实社会立体综合监管权责对等。社会是构成高校教育救助资助的重要组成部分，调动社会各行各业人员参与到"贫困生"教育救助的监督过程中，不仅可以规范"贫困生"的教育救助工作，而且也可以更好地解决"贫困生"的教育救助中的相关问题。现如今是互联网信息共享的时代，为高校"贫困生"的教育救助工作提供了信息公开化的平台，同时还为社会监督提供了绿色通道，提高了社会民主，这样使得高校"贫困生"的教育救助工作更加透明公正。

（三）健全教育救助工作机制

一是加强新疆高校教育救助工作队伍建设。首先，健全新疆高校资助管理中心机构设置，包括明确机构工作任务、工作人员职责、完善制度。其次，配备充足专业的工作人员、拨付足额经费，确保学校贫困生的教育救助工作一直进行。最后，组织教育救助工作人员定期参加培训和外出交流。当然，除了高校对贫困学生的教育救助工作之外，社会和家庭的参与是很重要的。社会组织要积极参与贫困生的帮扶工作，为贫困学生提供资金方面的援助和提供一些实习工作岗位，家庭的作用重在给予贫困学生教育和关爱，防止由于经济贫困诱发心理疾病。只有国家、高校、社会、家庭共同助力才能有效完成贫困生的教育救助工作。

二是建立一套完整的育人体系。新疆高校教育救助育人工作呈现出明显的时效特征，即在每年助学金评选时期才会开展教育救助育人工作，育人工作缺乏系统性和持续性。若要在资助工作中实现立德树人的目标，就必须建立起一套完整的育人体系。资助工作虽归属于学生工作部门负责，但仅凭学生资助中心有限的人力、物力达不到教育救助育人的效果，因此，学生资助中心并不是包揽全部、全权负责整个教育救助的过程。在对贫困学生的教育引导过程中，除了如今高校常用的思想政治理论课以外，我们要充分利用好课堂教学平台对贫困学生的教育引导，将课堂的教育引导工作和教育救助工作协同起来，搭建学校教师以及教育救助工作人员的全员育人、长期育人体系。

三是改变传统的勤工助学模式。对于本科一年级学生，由于对学校以及所学专业的不熟悉，可采用奖助学金和学业助学金帮扶为主，帮助其更快地适应大学生活。对于本科二年级学生，他们已经熟悉了学校和自己所学专业，大多数人参加了较多学校社团，因此除了奖助学金方面的资助外，学校可提供一些勤工助学的岗位，对于他们来说能够更进一步融入学校，也可以培养其自立自强、感恩回报的思想意识，校内的勤工助学岗对于大二学生来说既能胜任也存在挑战，拥有这样的经历也能帮助他们增强就业意识和能力。对于大三、大四的学生，这些高年级的学生面临专业实习和就业，此时是需要积攒社会经验的黄金时期，学校应广泛通过校企合作，为他们提供校外实习的机会，以提升高年级学生的综合能力，这对于今后的就业和职业规划有着重大意义。

（四）加强贫困学生精神援助

《高校思想政治工作质量提升工程实施纲要》对高校教育救助育人工作明确提出了"解困—育人—成才—回馈"的良性循环要求①。高校教育救助管理中心要将"解困—育人—成才—回馈"教育救助育人工作贯穿教育救助工作的始终。首先，新疆高校要特别关注贫困生的思想和心理动向。学院辅导员要定期与贫困学生交谈，帮助他们树立自信，引导培养积极乐观的心态，对于贫困生在学业和生活中的困惑和挫折给予及时的解决。新疆高校应建立贫困生的心理档案，针对其性格特点以及家庭情况对贫困生进行观察和疏导。其次，加强新疆高校贫困生的精神援助工作。学校要定期开展成长成才，树立远大志向的主题活动，引导贫困学生积极向上的人生态度和树立远大理想抱负。

---

① 周霁. 新形势下高校精准资助、精准育人实效探究 [J]. 新智慧，2018（8）：4-5.

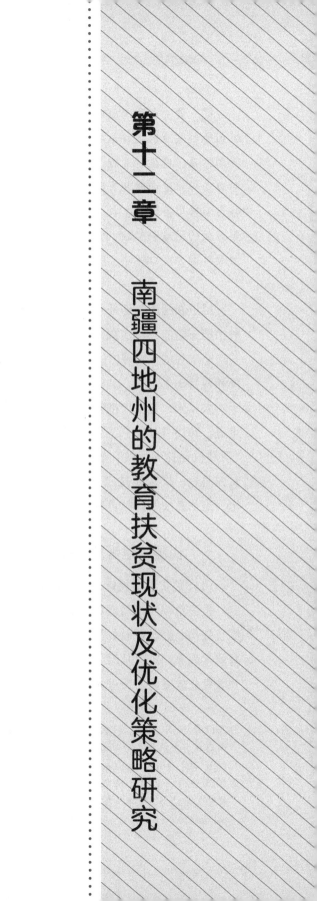

第十二章

南疆四地州的教育扶贫现状及优化策略研究

摘 要： 新疆南疆四地州在教育扶贫脱贫实践中取得了显著成效。通过因地制宜地制定政策、加大政策倾斜力度、建立三个全覆盖全方位精准资助体系、建设就业能力导向型职业教育、做好教师队伍保障工作、利用对口支援推进南疆教育脱贫等举措，积极推进教育扶贫脱贫。但目前仍面临自然客观条件差、教育资源不平衡、教师队伍素质不高、经费保障不足等方面的困难和挑战，需要从多方协同、深层帮扶、资金保障、教师队伍激励机制、对口援疆、强化监督执纪等方面进一步完善措施。

推进新疆南疆四地州教育发展脱贫既是长期建疆的具体要求，也是中央治疆方略的具体实践，更是处理好南疆四地州深度贫困地区人口巩固脱贫攻坚成果的良药秘方。习近平总书记在党的十九大报告中指出：提高保障和改善民生水平，加强和创新社会治理，要优化发展教育事业。[①] 党的十八大以来，党中央把教育脱贫摆在脱贫攻坚的突出位置，持续加大力度推进。2015 年 11 月，在中央扶贫开发工作会议上，习近平总书记明确把"发展教育脱贫一批"放在"五个一批"精准脱贫工程的突出位置。[②] 脱贫先脱愚，扶贫先扶志，要实现新疆南疆四地州脱贫攻坚的成效持续稳定，迫切需要发挥教育脱贫的重要作用。

一、南疆四地州教育扶贫的现实考量

（1）强化顶层设计，结合新疆区情精准制策

推进南疆四地州教育脱贫必须根植于新疆土壤，结合新疆区情，因地制宜提出新疆教育脱贫策略，精准施策、精细服务，关键在于强化新疆教育脱贫政策制定，从而为教育长效脱贫提供制度保障，确保新疆南疆四地州教育长效发展。通过完善全方位学生资助制度、15 年免费教育制度、精

[①] 2017 年 10 月 28 日，习近平在中国共产党第十九次全国代表大会上的报告《决胜全面建成小康社会 夺取新时代中国特色社会主义伟大胜利》，人民网-人民日报，[DB/OL]. http://cpc.people.com.cn/n1/2017/1028/c64094-29613660.html.

[②] 2015 年 11 月 28 日，习近平在中央扶贫工作会议上的讲话《脱贫攻坚战冲锋号已经吹响 全党全国咬定目标苦干实干》，新华网，[DB/OL]. http://www.xinhuanet.com/politics/2015-11/28/c_ 1117292150.htm.

准职业教育培训制度、教师队伍保障制度、严格执行教育脱贫监督制度等，不断增加南疆地区学生的受教育年限，提高贫困地区群众知识能力水平，解决贫困地区就业问题，精细教师队伍职业发展激励，推进教育脱贫工作深入新疆肌理。根据国家《深度贫困地区教育脱贫攻坚实施方案（2018—2020年）》《自治区脱贫攻坚教育扶贫专项行动实施方案》要求，结合新疆区情，新疆政府及教育部门制定了14项制度文件（如表12-1所示），明确了11个教育脱贫支持计划、29项工作任务、45条工作举措，确立教育优先发展的地位，保证教育脱贫工作切实高效运行。

表 12-1　新疆教育脱贫相关制度文件

序号	文件名
1	《新疆维吾尔自治区脱贫攻坚教育扶贫专项行动实施方案》
2	《南疆各级各类学校结对帮扶实施方案》
3	《新疆维吾尔自治区特殊教育提升计划》
4	《新疆维吾尔自治区义务教育学校标准化建设督导评估方案》
5	《新疆维吾尔自治区义务教育均衡发展督导评估方案》
6	《新疆维吾尔自治区"十三五"农村教师周转宿舍建设规划》
7	《南疆职业教育对口帮扶计划实施方案（2016—2020年）》
8	《新疆维吾尔自治区南疆四地州深度贫困地区脱贫攻坚实施方案（2018—2020）》
9	《新疆维吾尔自治区教育脱贫攻坚"六个必须""六个严禁""六个一律"工作纪律》
10	《新疆维吾尔自治区教育扶贫常态化调研工作制度》
11	《新疆维吾尔自治区精准建立教育扶贫台账制度》
12	《新疆维吾尔自治区建档立卡贫困学生信息比对工作制度》
13	《新疆维吾尔自治区教育扶贫政策宣传培训制度》
14	《新疆维吾尔自治区教育扶贫人员以干代训制度》

（二）注重教育扶贫政策向南倾斜，补足南疆教育短板

南疆四地州地区作为全国十四个集中连片地区的特困区，贫困区域面积大、国家边境线长度长、扶贫脱贫成本高、贫困程度深、脱贫难度系数高。南疆地区是新疆乃至国家脱贫攻坚中的"硬中硬""坚中坚"地区，

因此更需要加大教育脱贫政策向南倾斜，加大对南疆贫困地区的教育投入。截至 2019 年底，新疆共有 22 个深度贫困县，南疆地区有 22 个，占 100%；2016 年 10 月，新疆第九次党代会上明确提出"南疆四地州优先"的教育发展要求；2018 年，新疆共有 53.7 万贫困人口实现脱贫，其中南疆四地州共有 48.69 万贫困人口实现脱贫，全疆贫困发生率由 2017 年底的 11.57%下降至 2018 年底的 6.51%。南疆四地州贫困发生率由 2017 年底的 18.3%下降至 2018 年底的 10.51%，全疆向解决区域性整体贫困目标迈出坚实步伐。截至 2018 年底，新疆累计投入 48.7 亿元，实施"全面改善贫困地区义务教育薄弱学校基本办学条件"和"三区三州"教育脱贫攻坚工程，其中南疆四地州投入达 33.5 亿元，占全疆总投入的 68.8%，全面改善了南疆农村义务教育学校办学条件。①

（三）完善教育脱贫的精准资助体系，精细做好兜底保障

做好南疆学生资助精细化管理工作是确保南疆四地州教育扶贫效果的重要保障。一是精准识别资助对象，资助向南疆倾斜。2018 年，南疆四地州地区已经累计收到国家和新疆自治区拨付的 44 亿元各类学生资助，共有 306 万人次学生受到资助。二是资助体系"完善化"。南疆四地州建立健全了覆盖学前教育、义务教育、普通高中教育、中等职业教育、高等教育和研究生教育较为完善的学生资助政策体系，形成以政府为主导，学校、社会为补充的"三位一体"资助格局和普惠性资助②、助困性资助③、奖励性资助④和补偿性资助⑤有机结合的"多元混合"资助模式。政策的出台确保对南疆困难学生应助尽助。

（四）科学规划职业教育扶贫，促进互助式发展

南北疆间职业教育发展存在一定差距，为提升贫困地区职业教育水

① 2019 年 1 月 14 日，在新疆维吾尔自治区第十三届人民代表大会第二次会议上自治区财政厅《关于 2018 年自治区预算执行情况和 2019 年自治区预算草案的报告》，天山网，[DB/OL]. http://news.ts.cn/system/2019/01/24/035541463.shtml.

② 普惠性资助：义务、中职免学费、营养改善计划。

③ 助困性资助：中职、高中、高校助学金、自治区人民政府助学金。

④ 奖励性资助：国家奖学金、励志奖学金等。

⑤ 补偿性资助：基层就业学费补偿、应征入伍服义务兵役国家资助、退役士兵教育资助等。

平，新疆教育厅制定了《关于加强和改进职业教育工作的意见》。以南疆四地州为主，统筹北疆优势职业院校帮扶南疆薄弱职业学校资源互补，以南疆为重点，支持 25 所职业学校改善办学条件和提升办学能力的要求。如新疆农业职业技术学院（以下简称"新疆农职院"）与洛浦县职业高中、洛浦县技工学校达成"托管"帮扶协议，由新疆农职院派驻专业教师队伍到洛浦职校进行全方位指导管理。新疆农职院通过汇聚疆内优势资源，帮助联系对接内地知名高职院校探索形成"M+1+N①"的托管模式，促成上海常州等地的 8 所知名职业院校与洛浦县技校和职校达成合作伙伴关系，发掘符合洛浦发展需要的优势特色专业课程；通过双向挂职优化师资队伍建设；通过开展惠农技术培训提高社会服务水平；通过线上学习线下指导提升洛浦职校管理人员的管理理念能力五方面持续发力，提升洛浦职校综合水平。

（五）完善教师队伍的专项补贴，提高教师待遇

新疆教育脱贫工作的重难点在南疆地区，而南疆地区工作的重难点在南疆乡村，关键在于南疆乡村教师队伍建设，重点做好基层教师的保障工作。新疆政府实施基层教师补贴政策，为全疆乡村教师人均每月发放 200 元补贴。落实南疆四地州乡村教师生活补助政策，在原有的基础上，为南疆乡村教师人均每月增发补贴 200 元，中央和新疆共投入 20 亿元专项资金用于解决南疆四地州自聘教师的工资和 10 万名教师的生活补助。努力推进教师周转房政策向乡村教师倾斜，为解决和落实基层教师的基本住房保障问题，中央和新疆在贫困地区农村教师周转宿舍建设项目上投入 14.4 亿元，共建设 25000 套教师周转宿舍，为近 4 万名农村教师提供了住房保障。同时对内地新入疆的教师本着"家"一般的关怀，推行新入职教师双向探亲制度，提高基层教师待遇和幸福水平，提供城乡两套房等优惠政策，确保基层教师能够全身心地投入到新疆基层教育事业，推动新疆基层教育水平不断提升。

（六）抓住对口支援机遇，推进南疆教育脱贫

加强受援地教师培训，积极选派有经验的教师前来支教，帮助受援地

---

① "M+1+N"："M" 指联合内地多所知名高职院校，"1" 指新疆一所优质高职院校，"N" 指南疆的多所职业院校。

转变教育观念、提高教师素质。举办内地中职班，加强未就业大学生赴内地培养培训。例如，浙江省从 2010 年明确与阿克苏对口支援后，截至 2018 年，按照以项目促建设、以建设促发展的理念，实施教育援疆规划项目 257 个，累计安排教育援疆资金 23 亿元，选派援疆教师 919 名，为阿克苏地区和兵团农一师累计培养了 5072 名年龄在 35 岁以下的少数民族双语教师，并且首创"组团式"教育援助模式，促进了阿克苏地区基础教育质量快速提升。

二、南疆四地州教育扶贫的现实困境

（一）自然客观条件差

南疆四地州作为新疆乃至全国脱贫攻坚主战场的深度贫困地区，位于新疆西南部、塔克拉玛干沙漠西南边缘，周边与 6 个国家接壤，有长达 2622 公里边境线，占全疆边境线总长的 46.8%。国土面积 58.63 万平方公里，占全疆总面积的 35.2%。南疆四地州是自然经济社会各种难点及贫困要素相对集中的地区，多处于边区、山区、农牧业易灾区、荒漠地区、高寒高海波地区，自然气候条件恶劣，生态环境脆弱，干旱少雨，沙尘暴频发，水资源时空分布不均衡，工程性缺水、资源性缺水、结构性缺水矛盾突出，农业用水量占 97.6%，水资源不平衡状况短期内难以消除。戈壁、沙漠面积占 90% 以上，森林覆盖率 3.5% 以下，天然草场多为荒漠草场，人均耕地仅为 2 亩，土地盐碱化、沙化、荒漠化日趋严重。南疆四地州是新疆生态环境最为脆弱的区域①。

（二）教育资源不平衡

南北疆间、城乡间教育资源及教育水平发展不平衡成为制约新疆教育发展的主要因素。一方面，地理气候自然条件的差异，造成南北疆间经济发展水平的差距。恶劣的自然环境，交通运输的不便，难以吸引足够的教师资源，导致南疆教育水平明显落后于北疆。从生师比统计南疆生师比总体低于全疆生师比水平。根据 2019 年高考重点上线率全疆排名前 10 高中

---

① 单信凯，王健. 新疆南疆四地州片区贫困现状分析及对策建议 [J]. 实事求是，2017（01）：87-88.

榜中北疆占据 9 所，南疆仅有 1 所高中入榜；排名前 20 高中榜北疆占据 18 所，南疆仅有两 2 所入榜；高等教育分布严重失衡，根据自治区教育厅 2018 年教育统计公报统计：全疆高等院校共 54 所，其中北疆 45 所，南疆仅有 9 所（见表 12-2、12-3）。

表 12-2 全疆教育情况基本统计表（不含生产建设兵团）

项目/数量	学校/所	教师/万名	学生/万名	生师比
学前教育	7497	5.56	136.91	24.62：1
小学教育	3468	14.19	212.41	14.97：1
初中教育	849	7.7	81.78	10.62：1
普通高中教育	308	4.02	51.22	12.74：1
中等职业教育	140	0.8804	21.15	24.02：1
高等教育	41	1.79	36.83	20.58：1
特殊教育	28	0.0981	0.3512	3.58：1
合计	12331	34.2385	540.6512	15.82：1

表 12-3 南疆四地州的教育基本情况统计表（不含生产建设兵团）

项目/数量	学校/所	教师/万名	学生/万名	生师比
学前教育	4432	2.8	86.61	30.93：1
小学教育	2329	6.9	117.66	17.05：1
初中教育	395	3.9	40.95	10.5：1
普通高中教育	107	1.8	23.96	13.31：1
中等职业教育	52	0.3633	9.71	26.73：1
高等教育	5	0.2826	4.5969	16.27：1
特殊教育	10	0.0417	0.16	3.84：1
合计	7330	16.0876	283.6469	17.63：1

资料来源：根据 2017 年新疆教育事业发展统计公报整理所得。

另一方面，城市乡村经济发展水平、公共管理水平、基础设施条件、交通发展状况的差异导致优秀教师资源集中于城市地区，乡村地区教育资源严重不足。南北疆间城乡间教育发展的不平衡成为当前教育扶贫脱贫工作迫切需要解决的重要问题。根据 2015 年新疆统计年鉴数据整理统计可知，南疆人口占全疆总人口的 50.3%，但地区生产总值却只占了全疆生产总值的 29.8%，人均 GDP 仅为北疆人均 GDP 的 41.9%，而南疆地区万人拥有教师数量也比北疆地区少了 20%（见表 12-4）。

表 12-4　2015 年南北疆地区的教育与产值比较

指标	人数/万人	占比（%）	GDP 总值/万元	占比（%）	人均 GDP/元	万人拥有教师数/人
南疆地区	1168.62	50.3	29633866	29.8	25358	130
北疆地区	1153.11	49.7	69733576	70.2	60474	162

资料来源：根据《新疆统计年鉴 2015 年》计算整理得出。

（三）人才培养水平亟待提高

职业教育发展相对内地还有差距，专业教师队伍缺乏、教师授课方式落后、学校依然存在缺乏实习实训条件、实训硬件设施生均不足的情况依然严重、产业企业间尚未形成良好的互动。以阿克苏地区为例，按照国家和新疆职业教育办学相关标准要求，阿克苏地区职业院校的师生比为 1∶25 高于国家水平，应配 895 名教师，实际拥有 516 名教师，缺额率为 42.3%；教师队伍中双师型教师占比仅占 13.5%，大部分教师为理论型教师，缺乏专业技术实训教师；按照硬件办学硬件标准仍需投入资金 17.7 亿元，来补足 92 万平方米的职业教育基础建设的面积缺口，仍需新建 77 万平方米各类用房和投入 2.2 亿元购买实验实训设备[①]。职业教育专业设置不够科学合理，不能够充分反映地区社会经济特色优势，课程内容与实际岗位需求存在差距，尚未形成地区特色的职业教育优势专业。

（四）贫困地区教师整体素质不高

新疆贫困地区农村教师队伍不断壮大，取得了很大进步，但教师队伍能力水平建设仍然是薄弱的环节，教师结构不合理和"下不去、留不住、教不好"的问题依然突出。贫困地区原有教师队伍整体质量不高且数量不

---

① 于丽娟. 新疆职业教育发展现状、问题及对策——以阿克苏地区为例 [J]. 新疆职业大学学报，2018，26（02）：16-20.

够，学历素质过低，国家通用语言水平不高，幼儿园教师队伍中多数是大专学历，本科及以上学历只占少数，难以满足新疆社会稳定和长治久安对幼儿教师的需要。根据南疆幼儿园教师的调研数据统计结果，如表 12-5 所示，在南疆幼儿园教师的学历中四分之三的都是大专学历，本科学历仅占少数，研究生学历几乎没有，学前教师队伍学历水平亟待进一步提升①。

表 12-5　南疆幼儿园教师学历构成图

学历	比重（%）	学历	比重（%）
中专（高中）	9.7	本科	15.1
大专	75.2	研究生	0

近年来，自治区为提高少数民族学生国家通用语言能力发展乡村普惠性学前教育，通过从内地大量招录新教师扩充新疆学前教育教师队伍，补充新疆乡村学前教育教师数量的缺口。但缺乏对新招录教师的专业培训及科学管理规划，加之贫困地区气候生活环境差异，导致新招录教师大量流失。这些都严重阻滞着新疆贫困地区教育扶贫工作的进程。

（五）经费保障不足

贫困地区存在经济发展滞后与亟待加大教育投入之间的矛盾，由于贫困地区自然社会原因经济发展滞后，城乡居民收入水平和财政能力不足以支撑起发展教育事业的投入。在"十三五"期间，贫困地区在扩大乡村普惠性学前教育资源、全面完成义务教育薄弱学校改造任务、完善普通高中经费保障机制、化解普通高中债务、推进职业院校发展等方面，仍需要大量经费投入。根据 2016 年自治区教育厅统计情况来看，南疆四地州义务教育阶段还有 8000 多平方米的危房教室仍待修建，生均校舍面积不足，亟待新增校舍。寄宿制学校建设资金、职业教育标准化办学条件、师生健康饮水工程、现代化互联网教学设备、运动场等办学配套硬件设施所需经费仍存在很大的缺口。

---

① 王慧敏. 新疆南疆农村幼儿教师队伍建设研究［D］. 新疆大学，2019，24-25.

三、南疆四地州教育扶贫的优化路径

（一）汇聚多方力量，协调构建多级多层次的教育帮扶体系

建立援疆省市—新疆自治区—地州—县—乡—村多层次全方位帮扶系统，健全对口援疆省市—新疆、北疆—南疆良好的多级联动互动帮扶机制，收缩南北疆地区教育水平及资源差异，提升新疆整体教育水平。基础教育对口帮扶计划，统筹协调对口援疆省市、新疆自治区级、北疆地区优质中小学对口帮扶南疆四地州中小学，完成校校间的签约帮扶计划，推动帮扶单位间双向甚至多向教师挂职促进教师队伍有效流动；推动活动帮扶计划，北疆地区优质校外活动开展对口帮扶南疆地州校外活动；推动各地发挥主体作用，开展地州优质幼儿园结对帮扶县级幼儿园、地州优质中小学结对帮扶县级中小学、自治区优质高中结对帮扶南疆四地州高中工作；推动开展地区内县市优质幼儿园结对帮扶乡镇中心幼儿园、县市优质中小学结对帮扶乡镇中心中小学、地州所属普通高中结对帮扶县级普通高中工作；推动建立围绕乡镇中小学、幼儿园开展"乡—村""村—村"相互结对互动帮扶关系；推动建立对口援疆省市—自治区—北疆—南疆四地州—县市—乡镇—村多级联动互动教育帮扶体系。

（二）对接援疆省市职教资源、企业、产业，加快推进职业教育带动脱贫致富

1. 建立"援疆省市—优质职校—优质企业—南北疆职校—本土企业—贫困家庭学生"的职业产业学业帮扶平台，依托平台加快特色专业与产业融合发展进程，支持职业院校与企业合作共建生产性实习实训基地。统筹规划职业学校专业建设，调整职业教育与产业结构优化升级，依托"丝绸之路经济带核心区建设"和新疆脱贫攻坚需求打造新疆优势特色职业院校。扩大职业教育对口帮扶覆盖面，重点加强与对口援疆省市职教资源对接。

2. 充分对接援疆资源改进职业教育发展，提升职业教育脱贫力度和效度。积极争取国家部委和援疆省市在政策、项目、资金、人才等方面支持，加强职教对口帮扶院校间人才交流和流动，提升职业学校办学能力、教师队伍培养能力、社会经济服务能力的综合实力。以精准施策为目标，

推进职业教育从招生、培养、实训、就业全过程的精准培养，以促进地区经济发展和个人职业协同发展为目标。

3. 加大职业教育脱贫力度及效度，职业教育是实现脱贫效果最明显的途径，重点和难点在于贫困地区贫困人口的技能输入。通过精准识别可培训对象，扩大培训覆盖面，将成人职业社会教育纳入重点，落实职业教育脱贫"三个面向"：面向农村地区、面向广大农民、面向农业现代化，农民技校与职业院校发展携手并进。通过"职教下乡"加大对贫困地区农民的职业技能培训，增强贫困人口就业创业，提高自主脱贫致富带富的能力。

（三）健全教师队伍的激励保障制度，建设一支"下得去、上得来、乐于留、教得好"的教师队伍

1. 广开教师人才库源流，把新疆需要型教师人才"引进来"。区内定向培养结合区外人才引进，继续推进定向培养公费师范生、贫困地区硕士师范生、自治区大学生支教计划、自治区新招录公务员南疆学前教育支教计划等项目计划的实施；用好人才吸引政策支持，继续加大内地高校毕业生招录力度，把一批专业对口、热爱教育事业、拼搏进取的优秀人才补充到新疆教育扶贫脱贫的一线。

2. 做好基层教师的保障工作，让新进教师"留下来"。保障乡村教师周转性教师宿舍的住房需求，提高基层教师工资待遇水平，保障教师队伍的各类财政补贴及时发放，特别是在边境地区、高寒高海波地区、民族集聚地区给予相应的补贴，让教师安心从教。按照学生实际情况科学合理配置教师数量、教师编制和教师结构，充分考虑在职教师职称评定及薪资待遇需求，职称评定及薪资补贴向乡村学校教师倾斜，适当放宽申报条件。

3. 完善教师队伍培训交流学习形式，让发达地区教师"下得来"，让贫困地区教师"上得去"。统筹协调对口支援省市和各级教育部门建立"援疆省市—自治区—地州—县市—乡村"多层次师资交流学习机制，援疆省市支教教师下到支援地区开展学生教学，定期与支援地教师分享教学理念和经验，贫困地区基层教师到上级地方先进教学单位学习教学经验。

4. 做好教师队伍的职业发展规划计教师"乐于留""乐于教"。加强对教师队伍的"家"一般的人文关怀，以情留人，用情育人，关注新招录教

师的身心健康状况，定时开展教师文化素质拓展活动，提高教师队伍的"家"文化认同，让教师不仅"留得住"还要"乐于留"；建立"援疆省市—自治区—地州—县市—乡镇—乡村"六级教师上升交流机制，职称评定向贫困地区基层倾斜；定期对教师工作学生表现的综合方面考核评估，职称待遇与考核结果挂钩，激发教师队伍不断进取的动力。

5. 多渠道新形式强化教师队伍培训学习实现贫困地区教师队伍由"教得了"到"教得好"转变。加大"国家少数民族骨干计划""国培计划"等政策向贫困地区教师队伍的倾斜力度，增加对高校和中职思政理论教师、思政工作骨干、中小学班主任、德育骨干专题培训南疆贫困地区名额，采取网络技术进行远程培训方式，拓宽全区基层教师再学习的渠道，确保培训工作覆盖到村级学校教师，提高教师队伍的整体素质能力。

（四）调动社会参与，加强教育扶贫的资金保障

协调推进全行业参与扶贫，充实教育扶贫资金。发挥政府主导作用，努力搭建教育帮扶协作平台，共融教育扶贫资金，共享教育发展成果，吸引社会优质企业参与到教育扶贫领域，通过企业出资助学、学校精准对接、贫困生励志成才，搭建企业—学校—贫困生活资金、教育、人才的可持续发展桥梁；继续组织好教育对口帮扶，努力将新疆特色产品独特资源本地生源"走出去"，将援疆省市先进理念、技术、人才、资金项目"引进来"；充分依托"访惠聚"驻村机遇发挥教育系统优势对口帮扶，面向贫困地区的实际需求，找准教育薄弱领域，在教师培训交流学习、产业专业合作、科技成果转化、人才帮扶、决策咨询、政策资金方面加大支持力度，选"出"教育帮扶成果转化突出的先进组织、先进企业、先进个人的典型形象，吸引更多社会力量参与到教育扶贫领域中。

（五）强化监督执纪，建立有效的绩效考核机制

加强教育扶贫领域的考核监督是教育扶贫政策有效实施的重要保障。要坚持问题导向的原则，集中力量解决教育扶贫领域工作措施不精准、资金管理使用不规范、考核评估不严格等突出问题。一是加强财务公开透明，教育扶贫专项资金和项目要做到定期公开、公示，接受组织和人民群众的监督。按照专项扶贫资金管理规定要求，规范资金使用管理。二是加强信息化监督，依托"一体化联合作战平台"的"教育精准扶贫"深度应

用，实现教育扶贫数据库、项目安排库和基层力量走访反馈的跨库查询比对，确保帮扶措施、帮扶资金、帮扶项目的精准到位，避免弄虚作假问题。三是强化执纪监督，以明察暗访等方式，及时发现问题、处理问题，对教育扶贫工作中出现的违纪违法行为，严惩不贷，为教育扶贫推进脱贫攻坚提供坚强的纪律保障。

参考文献

一、期刊类

［1］张奇，湛中乐. 论我国教育扶贫法治化的基本逻辑［J］. 首都师范大学学报（社会科学版），2022（01）：170-180.

［2］马欣悦，陈春霞. 乡村振兴战略中职业教育相关政策的研究——基于政策文本分析的视角［J］. 职业技术教育，2022，43（06）：26-32.

［3］韦伟松，唐启焕，梁朝益，覃彩霞. 民族贫困地区职业教育赋能精准扶贫举措探索——以广西河池市为例［J］. 中国职业技术教育，2022（04）：93-96.

［4］陈丽娜. 高职教育服务"三农"乡村实践探索［J］. 核农学报，2022，36（05）：1075-1076.

［5］周晔，徐好好. 乡村教师在乡村振兴中的应为与可为［J］. 苏州大学学报（教育科学版），2022，10（01）：10-19.

［6］郝文武. 乡村教育振兴的目标、指标与路径［J］. 苏州大学学报（教育科学版），2022，10（01）：1-9.

［7］吴银银，洪松舟. 乡村振兴背景下乡村教育特色化发展的理论阐释［J］. 天津师范大学学报（基础教育版），2022，23（02）：17-21.

［8］寿伟义. 乡村振兴战略背景下农村职业教育的有效供给研究［J］. 教育与职业，2022（05）：98-102.

［9］周晔，徐好好. 乡村教师在乡村振兴中的应为与可为［J］. 苏州大学学报（教育科学版），2022，10（01）：10-19.

［10］刘复兴，曹宇新. 新发展阶段的乡村教育振兴：经验基础、现实挑战与政策建议［J］. 西北师大学报（社会科学版），2022，59（01）：41-49.

［11］雷云，赵喻杰. 以教育看待贫困——中国教育扶贫理论建构及

未来路向 [J]. 教育研究，2021，42（12）：120-130.

［12］郭存，何爱霞. 百年扶贫史：我国成人教育扶贫政策变迁历程——基于历史制度主义视角 [J]. 职教论坛，2021，37（12）：118-125.

［13］阙明坤，李维. 我国西南地区教育扶贫政策的计量分析——基于政策工具的视角 [J]. 社会科学家，2021（12）：42-47.

［14］邢林. 农业职业教育助力乡村振兴研究 [J]. 中国果树，2021（12）：111.

［15］秦玉友. 乡村振兴视域下农村教育现代化自信危机与重建 [J]. 教育研究，2021，42（06）：138-148.

［16］熊晴，朱德全. 民族地区职业教育服务乡村振兴的教育逻辑：耦合机理与价值路向 [J]. 教育与经济，2021，37（03）：3-9.

［17］林克松，刘璐璐. 后扶贫时代职业教育服务乡村振兴的角色困境及行动策略 [J]. 职教论坛，2021，37（11）：36-42.

［18］袁同凯，吴军军. "后扶贫时期"民族地区教育扶贫的内涵转变与困境突破——基于教育公益慈善的视角 [J]. 河北学刊，2021，41（06）：160-168.

［19］戴妍. 后扶贫时代教育扶贫政策优化的理论证成与路径选择 [J]. 教育与经济，2021，37（05）：3-10、31.

［20］江星玲，谢治菊. 协同学视域下东西部教育扶贫协作研究 [J]. 民族教育研究，2020，31（06）：5-12.

［21］孔养涛. 乡村振兴战略中乡村教师队伍的本土化建设 [J]. 教学与管理，2020（12）：55-58.

［22］闫瑞. 乡村振兴视域下农村职业教育的逻辑必然、实践困境及支持策略 [J]. 农业经济，2020（03）：124-125.

［23］张地容. 治理现代化视角下农村教育精准扶贫的实践困境与突破路径 [J]. 现代教育管理，2020（12）：28-34.

［24］李炜炜，李励恒，赵纪宁. 后扶贫时代教育扶贫的角色转换与行动逻辑 [J]. 中国高等教育，2020（23）：46-48.

［25］马建富，李芷璇. 乡村振兴背景下农村职业教育的价值取向与改革框架 [J]. 职业技术教育，2020，41（33）：7-14.

[26] 魏爽. 乡村教育振兴的路径探索 [J]. 人民论坛，2020（30）：58-59.

[27] 郝柯羡. 乡村振兴与乡村教育发展——评《中国乡村振兴与农村教育调查：来自"千村调查"的发现》 [J]. 中国农业资源与区划，2020，41（09）：145、181.

[28] 钱全，杨晓蕾. 连片特困地区的教育扶贫与基层治理 [J]. 华南农业大学学报（社会科学版），2020，19（06）：11-22.

[29] 魏有兴，杨佳惠. 后扶贫时期教育扶贫的目标转向与实践进路 [J]. 南京农业大学学报（社会科学版），2020，20（06）：97-104、114.

[30] 袁利平，师嘉欣. 教育扶贫政策的理念蕴含、机制解构与未来接续 [J]. 西南民族大学学报（人文社科版），2019，40（11）：214-222.

[31] 张航，邢敏慧. 新时代教育扶贫政策的实践困境与治理路径——基于全国 187 个村庄的调查 [J]. 职业技术教育，2019，40（31）：55-60.

[32] 付卫东，曾新. 十八大以来我国教育扶贫实施的成效、问题及展望——基于中西部 6 省 18 个扶贫开发重点县（区）的调查 [J]. 华中师范大学学报（人文社会科学版），2019，58（05）：45-56.

[33] 汪德华，邹杰，毛中根. "扶教育之贫"的增智和增收效应——对 20 世纪 90 年代"国家贫困地区义务教育工程"的评估 [J]. 经济研究，2019，54（09）：155-171.

[34] 黄巨臣. 乡村振兴中的农村教育扶贫政策：价值意蕴、实践困境与推进路径——基于"权力—技术—组织"的分析框架 [J]. 教育与经济，2019（06）：18-26.

[35] 吴一鸣. 乡村振兴中职业教育的"角色"担当 [J]. 现代教育管理，2019（11）：106-110.

二、著作类

[1] 李勋华，左燕，章君. 精准扶贫与乡村振兴有效衔接研究：基于职业教育视角 [M]. 成都：西南财经大学出版社，2021.

[2] 姚永强. 乡村振兴背景下中国农村教育发展 [M]. 北京：社会科

学文献出版社，2021.

　　［3］龙雪娜，罗天豪. 教育扶贫与学前民族文化课程——四川学前教育扶贫研究［M］. 北京：知识产权出版社，2020.

　　［4］李琼. 湖南教育精准扶贫长效机制研究［M］. 昆明：云南大学出版社，2020.

　　［5］高汝伟，殷有敢. 师范生乡村情怀培养研究［M］. 南京：南京大学出版社，2020.

　　［6］魏风云. 乡村教育振兴研究［M］. 北京：人民出版社，2020.

　　［7］贺祖斌，林春逸，肖富群等. 广西乡村振兴战略与实践（教育卷）［M］. 桂林：广西师范大学出版社，2019.

　　［8］杨璐璐. 乡村振兴战略视野的新型职业农民培育［M］. 北京：中国社会科学出版社，2018.

　　［9］陈纯槿. 教育精准扶贫与代际流动［M］. 上海：华东师范大学出版社，2017.

　　［10］张澧生. 社会资源禀赋视域下湘西教育精准扶贫路径研究［M］. 背景：北京理工大学出版社，2017.

三、报纸类

　　［1］刘旺. 全国人大代表李薇：关注职业教育和乡村振兴［N］. 中国经营报，2022-03-14（T12）.

　　［2］王占伟. 读懂乡村是振兴乡村教育的前提［N］. 中国教师报，2022-02-16（014）.

　　［3］王强. 稳步推进乡村振兴战略落实落细［N］. 农民日报，2022-01-15（003）.

　　［4］刘盾，黎鉴远，张紫欣. "爱种子"为乡村教育振兴探新路［N］. 中国教师报，2022-03-09（015）.

　　［5］王占伟. 乡村教育振兴靠什么［N］. 中国教师报，2022-02-16（014）.

　　［6］蔡其勇，周大众. 发挥乡村教育的支撑作用［N］. 中国社会科学报，2021-12-07（011）.

[7] 邓建中，杨国良. 构建乡村教育帮扶机制 [N]. 中国社会科学报，2021-12-07（011）.

[8] 张曦文. 职业教育为乡村振兴提供人才支撑 [N]. 中国财经报，2021-10-21（008）.

[9] 赵徐州. 教育支撑乡村振兴 [N]. 中国社会科学报，2021-10-25（001）.

[10] 李英. 用"协作互助组"振兴乡村教育 [N]. 中国教师报，2021-10-27（014）.

[11] 陈万勇. 三项策略振兴乡村教育 [N]. 中国教师报，2021-10-20（014）.

[12] 赵徐州. 教育支撑乡村振兴 [N]. 中国社会科学报，2021-10-25（001）.

[13] 吴砾星. 巩固拓展教育扶贫成果　助力乡村振兴 [N]. 农民日报，2021-03-12（005）.

[14] 余茹. 湖北咸宁：教育扶贫照亮学子梦想 [N]. 中国教师报，2020-12-16（002）.

[15] 本报评论员. 抓教育　补足扶贫扶志扶智的"钙" [N]. 金昌日报，2020-11-03（001）.

[16] 本报评论员. 探路东西部教育扶贫的时代楷模 [N]. 新华日报，2020-09-09（005）.

[17] 赵徐州. 教育扶贫留下"四笔财富" [N]. 中国社会科学报，2020-07-17（001）.

四、学位论文类

[1] 高云鹏. 基于共享发展理念的教育扶贫路径研究 [D]. 北京邮电大学，2021.

[2] 肖鸿禹. 贵州民族地区"组团式"教育帮扶研究 [D]. 贵州民族大学，2021.

[3] 黄晋生. 新疆深度贫困地区教育扶贫政策绩效评价研究 [D]. 石河子大学，2021.

［4］张帅.贵州省教育扶贫满意度调查统计分析及应用研究［D］.燕山大学，2021.

［5］吴倩.习近平教育扶贫重要论述研究［D］.天津商业大学，2021.

［6］于娟.习近平关于教育扶贫重要论述研究［D］.辽宁师范大学，2021.

附

录

附录 A

新疆民族地区教育扶贫调查研究的调查问卷

尊敬的女士/先生：

　　您好！非常感谢您配合我们的调查。此次调查旨在了解新疆民族地区教育扶贫的现状、政策、效果等问题，以便进一步为有关部门提供教育扶贫的研究支持和决策依据。本调查问卷均为匿名填写，所获取的数据仅供研究之用，所以不会对您的个人信息有任何泄露，请您放心填写，谢谢合作！

新疆民族地区教育扶贫调查研究课题组

第一部分

　　1. 您的性别：

　　A. 男　　　　　　　B. 女

　　2. 您的年龄：

　　A. 18 岁以下　　　B. 18~35 岁　　　C. 36~55 岁　　　D. 56 岁以上

　　3. 您的文化程度：

　　A. 文盲或半文盲　B. 小学　　　　　C. 初中　　　　　D. 高中或中专

　　E. 大专　　　　　F. 本科及以上

　　4. 您的民族：

　　A. 汉族　　　　　B. 维吾尔族　　　C. 哈萨克族　　　D. 回族

　　E. 柯尔克孜族　　F. 塔吉克族　　　G. 蒙古族　　　　H. 其他

　　5. 您的家庭成员人数：

　　A. 少于 2 人　　　B. 2~5 人　　　　C. 6~8 人　　　　D. 9 人以上

　　6. 您家庭的主要收入来源：

A. 田园种植　　B. 家庭养殖　　C. 个体户或经商

D. 外出务工　　E. 交通运输　　F. 其他

7. 您家庭的年收入：

A. 5000 元以下　　　　　　　　B. 5000 元~10000 元

C. 10001 元~15000 元　　　　　D. 15001 元~20000 元

E. 20001 元~30000 元　　　　　F. 30001 元~40000 元

G. 40001 元~50000 元　　　　　H. 50000 元以上

第二部分

8. 您认为当地教育扶贫主体有哪些（可多选）：

A. 政府　　　　　　　　　　　　B. 企业

C. 社会组织（公益组织、慈善组织等）

D. 对口支援省份或单位

E. "访惠聚" 驻村工作队（含新疆学前双语教育支教）

F. 大、中专院校　　　　　　　　G. 其他

9. 您是否了解国家或自治区教育扶贫政策：

A. 没听说过　　B. 听过但不了解　C. 基本知道　　D. 非常了解

10. 您了解教育扶贫政策的渠道有哪些：

A. 电视、报纸　　　　　　　　　B. 网络（电脑或者手机）

C. 政府宣传（大宣讲、升国旗等）　D. 亲戚朋友传播

E. 其他

11. 您认为当地政府对教育扶贫的重视程度如何：

A. 非常重视　　B. 重视　　　C. 一般　　　　D. 不重视

E. 非常不重视

12. 您觉得教育扶贫政策给您家庭带来的帮助如何：

A. 非常大　　　B. 很大　　　C. 一般　　　　D. 很小

E. 没作用

13. 你觉得接受各种知识和技能教育能带来哪些益处（可多选）：

A. 更好找工作　　　　　　　　　B. 收入更高

C. 知道怎么保障家人的营养和健康　D. 法律意识和道德意识增强

E. 能为孩子提供更好的家庭教育　　F. 认同知识改变命运

G. 社交效率更高，有更多朋友资源　H. 其他

14. 您认为教育扶贫政策的实施效果如何：

A. 非常好　　　　　B. 很好　　　　　C. 一般　　　　　D. 不好

E. 非常不好

15. 您知道的教育扶贫政策有哪些（可多选）：

A. 适龄幼儿接受学前教育

B. 义务教育薄弱学校基本办学条件得到改善

C. 农村义务教育阶段学生营养改善

D. 地方政府对普惠性幼儿园在园家庭经济困难儿童、孤儿和残疾儿童予以资助，中央财政予以奖补

E. 义务教育"两免一补"（免学杂费、教科书费、寄宿生生活补助）

F. 资助普通高中家庭经济困难学生

G. 中等职业教育免学费、补助生活费政策

H. 高等教育学生资助政策（奖学金、助学金、助学贷款、师范生免费教育、勤工助学、学费减免等）

I. 新疆南疆四地州的 15 年免费教育

J. 教育援疆政策（培训各级各类教师、派出支教教师）

K. 新疆与内地省市中小学"千校手拉手"活动

L. 内地民族班政策（内高班、内初班、内职班）

M. 少数民族预科班和少数民族高层次骨干人才培养计划

N. 面向贫困地区定向招生专项计划（高考）

O. 新疆学前双语教育支教

P. 其他

16. 您认为在教育方面，以下哪些因素与您所在地区的贫困关系密切（可多选）：

A. 当地师资不足

B. 对非农劳动力转移就业缺乏技能培训

C. 贫困户接受教育的意识薄弱

D. 教育资助政策不全面

E. 对扶贫干部、社区扶贫精英缺乏培训与培育

F. 上学成本高（食宿费、交通费等），难以承担

G. 学校办学条件落后

H. 对农民缺乏生产技能培训

I. 其他

17. 您认为在科技方面，以下哪些因素与您所在地区的贫困关系密切（可多选）：

A. 缺乏科技专家（技术员）的长期引领

B. 缺乏技术推广与利用的统一管理机构

C. 政府在技术推广和培训上投入不足

D. 农民的传统观念阻碍技术推广

E. 未能因地制宜，技术援助不适合当地的自然环境和农民的经济行为

F. 其他

18. 您是否了解政府提供的职业技能教育培训（如焊工、电工、家政、厨师）：

A. 不知道，从来没听说过　　　　B. 了解一点，偶尔听人说过

C. 知道，很熟悉

19. 您是否愿意参加政府或者其他组织提供的职业技能教育培训：

A. 不愿意参加　　B. 了解一点，想参加　　C. 非常愿意参加

20. 您是否接受过政府或其他组织的职业技能教育方面的培训：

A. 没有　　　　　　　　　　B. 偶尔

C. 接受过很少的几次　　　　D. 经常接受培训

21. 您愿意参加哪方面的职业技能教育培训（可多选）：

A. 种植、养殖类技能　　　　B. 餐饮类技能

C. 工程机械类技能　　　　　D. 服装设计类技能

E. 美容化妆类技能　　　　　F. 汽修类技能

G. 其他

22. 您希望职业技能教育培训的方式是（可多选）：

A. 传统讲授式　　B. 发挥网络优势教育资源，推动线上、线下学习

C. 实地操作实践式

23. 您认为目前参加职业技能教育培训最大的困难是什么（可多选）：

A. 语言不通，听不懂

B. 培训内容单一、针对性不强、不实用

C. 培训教师专业性不强

D. 培训教师频繁更换，流动性强

E. 培训经费不足

F. 培训周期长，内容更新慢

G. 其他

24. 您是否了解新疆内初班、内高班、内职班（内地民族班政策）政策：

A. 没听说过　　　　　　　　B. 听过但不了解

C. 基本知道　　　　　　　　D. 非常了解

25. 您是否愿意让您的孩子到内初班、内高班、内职班（内地民族班）读书：

A. 非常愿意　　B. 愿意　　　　C. 不愿意

26. 您的孩子在校期间是否享受过教育扶贫政策：

A. 是　　　　　　B. 否

27. 您的孩子在校期间是否接受过社会组织的相关资助（如企业的爱心捐助、慈善组织的爱心捐助等）：

A. 是　　　　　　B. 否

28. 您认为教育扶贫政策落实过程中存在哪些问题（可多选）：

A. 项目较少　　　　　　　　B. 资金投入较少

C. 重普惠，不够精准　　　　D. 政策参与程序复杂

E. 存在重经济扶贫忽视教育扶贫的现象

F. 政策监管不到位　　　　　G. 宣传不到位，人民不了解

H. 缺乏监管，不知道谁得到了补助 I. 其他

29. 您认为"访惠聚"驻村工作队在教育扶贫上发挥的效果如何：

A. 非常好　　　B. 好　　　　C. 一般　　　　D. 不好

E. 非常不好

30. 您认为"访惠聚"驻村工作队在教育扶贫上发挥作用的途径有哪

些（可多选）：

    A. 政策宣讲　　　　　　　　　B. 技能培训

    C. 国家通用语言培训（农牧民学校)D. 民族团结一家亲活动

    E. 两个全覆盖包户住户（四同四送)F. 走访入户

    G. 其他

31. 您认为教育是否可以成为主要的扶贫手段：

    A. 是　　　　　　B. 否

32. 您是否了解对口支援政策：

    A. 非常了解　　　B. 比较了解　　　C. 了解　　　D. 不了解

    E. 完全没听说过

33. 您是否了解社会组织教育扶贫（如公益组织、慈善组织等）：

    A. 没听说过　　　　　　　　　B. 听过但不了解

    C. 基本知道　　　　　　　　　D. 非常了解

34. 您是否了解社会组织（如公益组织、慈善组织等）正在开展的扶贫项目：

    A. 非常了解　　　B. 比较了解　　　C. 不太清楚　　　D. 完全没听说过

35. 您对社会组织（如公益组织、慈善组织等）参与教育扶贫的态度是：

    A. 不支持　　　　B. 无所谓　　　C. 赞同　　　　D. 非常支持

36. 您是否赞同"以政府为主导，社会组织为有益补充的多元化的扶贫模式"这个观点：

    A. 不赞同　　　　B. 无所谓　　　C. 赞同　　　　D. 非常赞同

37. 您认为社会组织参与教育扶贫的弊端有哪些（可多选）：

    A. 专业水平参差不齐　　　　　B. 社会认知程度不高

    C. 角色定位不明确　　　　　　D. 工作模式杂乱

    E. 不与政府部门取得联系　　　F. 其他

38. 您是否了解新疆学前双语教育支教政策（赴南疆幼儿园支教一年）：

    A. 没听说过　　　　　　　　　B. 听过但不了解

    C. 基本知道　　　　　　　　　D. 非常了解

39. 您对高校（大、中专院校）参与教育扶贫的态度是：

A. 不支持　　　B. 无所谓　　　C. 支持　　　D. 非常支持

40. 您认为您所在本地区最需要哪些方面的扶贫（可多选）：

A. 教育扶贫　　B. 生态补偿　　C. 异地搬迁　　D. 社会保障

E. 扶贫培训　　F. 产业发展　　G. 金融扶贫

H. 农村基础设施建设

附录 B

调查问卷的结果汇总

第一部分

1. 您的性别：

性别	人数（人）	所占百分比（%）
男	319	38.76
女	504	61.24
合计	823	100

2. 您的年龄：

年龄	人数（人）	所占百分比（%）
18 岁以下	26	3.16
18~35 岁	427	51.88
36~55 岁	312	37.91
56 岁以上	58	7.05
合计	823	100

3. 您的文化程度：

文化程度	人数（人）	所占百分比（%）
文盲或半盲	24	2.79
小学	133	16.16
初中	482	58.67
高中或中专	110	13.47
大专	52	6.36
本科及以上	22	2.55

续　表

文化程度	人数（人）	所占百分比（%）
合计	823	100

4. 您的民族：

您的民族	人数（人）	所占百分比（%）
汉族	72	8.75
维吾尔族	624	75.82
哈萨克族	69	8.38
回族	50	6.08
柯尔克孜族	1	0.12
塔吉克族	0	0.00
蒙古族	2	0.24
其他	5	0.61
合计	823	100

5. 您的家庭人员人数：

家庭成员人数	人数（人）	所占百分比（%）
少于2人	36	4.37
2~5人	655	79.59
6~8人	120	14.58
9人以上	12	1.46
合计	823	100

6. 您家庭的主要收入来源

家庭的主要收入来源	人数（人）	所占百分比（%）
田园种植	428	52.00
家庭养殖	172	20.90
个体户或经商	99	12.03
外出务工	217	26.37
交通运输	46	5.59

续　表

家庭的主要收入来源	人数（人）	所占百分比（%）
其他	25	3.04
合计	987	—

7. 您家庭的年收入

家庭的年收入	人数（人）	所占百分比（%）
5000 元以下	129	15.67
5001 元～10000 元	270	32.81
10001 元～15000 元	91	11.06
15001 元～20000 元	135	16.40
20001 元～30000 元	57	6.93
30001 元～40000 元	40	4.86
40001 元～50000 元	34	4.13
50001 元以上	67	8.14
合计	823	100

第二部分

8. 您认为当地教育扶贫主体有哪些（可多选）：

当地教育扶贫主体	人数（人）	所占百分比（%）
政府	610	74.12
企业	170	20.66
社会组织（公益组织、慈善组织等）	180	21.87
对口支援省份或单位	384	46.66
"访惠聚"驻村工作队	453	55.04
大中专院校	107	13.00
其他	20	2.43
合计	1924	—

9. 您是否了解国家或自治区的扶贫政策：

国家或自治区的扶贫政策	人数（人）	所占百分比（%）
没听说过	25	3.04
听过但不了解	45	5.47
基本知道	286	34.75
非常了解	467	56.74
合计	823	100

10. 您了解教育扶贫政策的渠道有哪些（可多选）：

教育扶贫的渠道	人数（人）	所占百分比（%）
电视、报纸	503	61.12
网络（电脑或手机）	225	27.34
政府宣传（大宣讲、升国旗等）	759	92.22
亲戚朋友宣传	172	20.90
其他	32	3.89
合计	1691	—

11. 您认为当地政府对教育扶贫的重视程度如何：

当地政府对教育扶贫的重视程度	人数（人）	所占百分比（%）
非常重视	657	79.84
重视	108	13.12
一般	52	6.32
不重视	3	0.36
非常不重视	3	0.36
合计	823	100

12. 您觉得教育扶贫政策给您家庭带来的帮助如何：

教育扶贫政策给您家庭带来的帮助如何	人数（人）	所占百分比（%）
非常大	620	75.33
很大	140	17.01
一般	54	6.56

教育扶贫政策给您家庭带来的帮助如何	人数（人）	所占百分比（%）
很小	4	0.49
没作用	5	0.61
合计	823	100

13. 你觉得接受各种知识和技能教育能带来哪些益处（可多选）：

接受各种知识和技能教育能带来哪些益处	人数（人）	所占百分比（%）
更好找工作	569	69.14
收入更高	463	56.26
知道怎么保障家人的营养和健康	276	33.54
法律意识和道德意识增强	593	72.05
能为孩子提供更好的家庭教育	425	51.64
认同知识改变命运	337	40.95
社交效率更高，有更多朋友资源	200	24.30
其他	17	2.07
合计	2880	—

14. 您认为教育扶贫政策的实施效果如何：

教育扶贫政策的实施效果如何	人数（人）	所占百分比（%）
非常好	669	81.29
很好	111	13.49
一般	39	4.74
不好	2	0.24
非常不好	2	0.24
合计	823	100

15. 您知道的教育扶贫政策有哪些（可多选）：

教育扶贫政策有哪些	人数（人）	所占百分比（%）
适龄幼儿接受学前教育	741	90.04
义务教育薄弱学校基本办学条件得到改善	608	73.88
农村义务教育阶段学生营养改善	611	74.24

教育扶贫政策有哪些	人数（人）	所占百分比（%）
地方政府对普惠性幼儿园在园家庭经济困难儿童、孤儿和残疾儿童予以资助，中央财政予以奖补	615	74.73
义务教育"两免一补"（免学杂费、教科书费、寄宿生生活补助）	683	82.99
资助普通高中家庭经济困难学生	507	61.60
中等职业教育免学费、补助生活费政策	457	55.53
高等教育学生资助政策（奖学金、助学金、助学贷款、师范生免费教育、勤工助学、学费减免等）	479	58.2
新疆南疆四地州的15年免费教育	369	44.84
教育援疆政策（培训各级各类教师、派出支教教师）	374	45.44
新疆与内地省市中小学"千校手拉手"活动	300	36.45
内地民族班政策（内高班、内初班、内职班）	369	44.84
少数民族预科班和少数民族高层次骨干人才培养计划	312	37.91
面向贫困地区定向招生专项计划（高考）	344	41.80
新疆学前双语教育支教	390	47.39
其他	2	0.24
合计	7161	—

16. 您认为在教育方面，以下哪些因素与您所在地区的贫困关系密切（可多选）：

教育方面，以下哪些因素与您所在地区的贫困关系密切	人数（人）	所占百分比（%）
当地师资不足	303	36.82
对非农劳动力转移就业缺乏技能培训	386	46.90
贫困户接受教育的意识薄弱	364	44.23
教育资助政策不全面	105	12.76

续 表

教育方面，以下哪些因素与您所在地区的贫困关系密切	人数（人）	所占百分比（%）
对扶贫干部、社区扶贫精英缺乏培训与培育	133	16. 16
上学成本高（食宿费、交通费等），难以承担	109	13. 24
学校办学条件落后	68	8. 26
对农民缺乏生产技能培训	256	31. 11
其他	34	4. 13
合计	1758	—

17. 您认为在科技方面，以下哪些因素与您所在地区的贫困关系密切（可多选）：

在科技方面，以下哪些因素与您所在地区的贫困关系密切	人数（人）	所占百分比（%）
缺乏科技专家（技术员）的长期引领	484	58. 81
缺乏技术推广与利用的统一管理机构	375	45. 57
政府在技术推广和培训上投入不足	146	17. 74
农民的传统观念阻碍技术推广	190	23. 09
未能因地制宜，技术援助不适合当地的自然环境和农民的经济行为	196	23. 82
其他	49	5. 95
合计	1440	—

18. 您是否了解政府提供的职业技能教育培训（如焊工、电工、家政、厨师）：

是否了解政府提供的职业技能教育培训（如焊工、电工、家政、厨师）	人数（人）	所占百分比（%）
不知道，从来没听说过	39	4. 74
了解一点，偶尔听人说过	251	30. 5
知道，很熟悉	533	64. 76
合计	823	100

19. 您是否愿意参加政府或者其他组织提供的职业技能教育培训：

是否愿意参加政府或者其他组织提供的 职业技能教育培训	人数（人）	所占百分比（%）
不愿意参加	152	18.74
了解一点，想参加	222	26.80
非常愿意参加	449	54.46
合计	823	100

20. 您是否接受过政府或其他组织的职业技能教育方面的培训：

是否接受过政府或其他组织的职业 技能教育方面的培训	人数（人）	所占百分比（%）
没有	230	27.95
偶尔	94	11.42
接受过很少的几次	331	40.22
经常接受培训	168	20.41
合计	823	100

21. 您愿意参加哪方面的职业技能教育培训（可多选）：

愿意参加哪方面的职业技能教育培训	人数（人）	所占百分比（%）
种植、养殖类技能	401	48.72
餐饮类技能	268	32.56
工程机械类技能	146	17.74
服装设计类技能	229	27.83
美容化妆类技能	209	25.39
汽修类技能	81	9.84
合计	1334	—

22. 您希望职业技能教育培训的方式是（可多选）：

希望职业技能教育培训的方式是	人数（人）	所占百分比（%）
传统讲授式	180	21.87
发挥网络优势教育资源，推动线上、线下学习	373	45.32

希望职业技能教育培训的方式是	人数（人）	所占百分比（%）
实地操作实践式	567	68.89
合计	1120	—

23. 您认为目前参加职业技能教育培训最大的困难是什么（可多选）：

目前参加职业技能教育培训最大的困难是什么	人数（人）	所占百分比（%）
语言不通，听不懂	566	68.77
培训内容单一、针对性不强、不实用	149	18.10
培训教师专业性不强	100	12.15
培训教师频繁更换，流动性强	148	17.98
培训经费不足	77	9.36
培训周期长，内容更新慢	47	5.71
其他	42	5.10
合计	1129	—

24. 您是否了解新疆内初班、内高班、内职班（内地民族班政策）政策：

是否了解新疆内初班、内高班、内职班 （内地民族班政策）政策	人数（人）	所占百分比（%）
没听说过	41	4.98
听过但不了解	170	20.66
基本知道	388	47.14
非常了解	224	27.22
合计	823	100

25. 您是否愿意让您的孩子到内初班、内高班、内职班（内地民族班）读书：

是否愿意让您的孩子到内初班、内高班、内职班 （内地民族班）读书	人数（人）	所占百分比（%）
非常愿意	590	71.69
愿意	220	26.73

续　表

是否愿意让您的孩子到内初班、内高班、内职班（内地民族班）读书	人数（人）	所占百分比（%）
不愿意	13	1.58
合计	823	100

26. 您的孩子在校期间是否享受过教育扶贫政策：

是否享受过教育扶贫政策	人数（人）	所占百分比（%）
是	734	89.19
否	89	10.81
合计	823	100

27. 您的孩子在校期间是否接受过社会组织的相关资助（如企业的爱心捐助、慈善组织的爱心捐助等）：

是否接受过社会组织的相关资助（如企业的爱心捐助、慈善组织的爱心捐助等）	人数（人）	所占百分比（%）
是	560	68.04
否	263	31.96
合计	823	100

28. 您认为教育扶贫政策落实过程中存在哪些问题（可多选）：

教育扶贫政策落实过程中存在哪些问题	人数（人）	所占百分比（%）
项目较少	246	29.89
资金投入较少	164	19.93
重普惠，不够精准	172	20.90
政策参与程序复杂	145	17.62
存在重经济扶贫忽视教育扶贫的现象	158	19.20
政策监管不到位	93	11.30
宣传不到位，人民不了解	141	17.13
缺乏监管，不知道谁得到了补助	54	6.56
其他	38	4.62
合计	1211	—

29. 您认为"访惠聚"驻村工作队在教育扶贫上发挥的效果如何：

"访惠聚"驻村工作队在教育扶贫上发挥的效果如何	人数（人）	所占百分比（%）
非常好	587	71.33
好	161	19.56
一般	66	8.02
不好	3	0.36
非常不好	6	0.73
合计	823	100

30. 您认为"访惠聚"驻村工作队在教育扶贫上发挥作用的途径有哪些（可多选）：

"访惠聚"驻村工作队在教育扶贫上发挥作用的途径有哪些		所占百分比（%）
政策宣讲	537	65.25
技能培训	185	22.48
国家通用语言培训（农牧民学校）	248	30.13
民族团结一家亲活动	258	31.35
两个全覆盖包户住户（四同四送）	266	32.32
走访入户	198	24.06
其他	114	13.85
合计	1806	—

31. 您认为教育是否可以成为主要的扶贫手段：

教育是否可以成为主要的扶贫手段：	人数（人）	所占百分比（%）
是	772	93.80
否	51	6.20
合计	823	100

32. 您是否了解对口支援政策：

是否了解对口支援政策	人数（人）	所占百分比（%）
非常了解	361	43.87

续　表

是否了解对口支援政策	人数（人）	所占百分比（%）
比较了解	159	19.32
了解	253	30.74
不了解	48	5.83
完全没听说过	2	0.24
合计	823	100

33. 您是否了解社会组织教育扶贫（如公益组织、慈善组织等）：

是否了解社会组织教育扶贫 （如公益组织、慈善组织等）	人数（人）	所占百分比（%）
没听说过	43	5.22
听过但不了解	165	20.05
基本知道	413	50.19
非常了解	202	24.54
合计	823	100

34. 您是否了解社会组织（如公益组织、慈善组织等）正在开展的扶贫项目：

是否了解社会组织（如公益组织、慈善组织等） 正在开展的扶贫项目	人数（人）	所占百分比（%）
非常了解	332	40.34
比较了解	309	37.55
不太清楚	168	20.41
完全没听说过	14	1.70
合计	823	100

35. 您对社会组织（如公益组织、慈善组织等）参与教育扶贫的态度是：

对社会组织（如公益组织、慈善组织等） 参与教育扶贫的态度	人数（人）	所占百分比（%）
不支持	59	7.17

续　表

对社会组织（如公益组织、慈善组织等）参与教育扶贫的态度	人数（人）	所占百分比（%）
无所谓	15	1.82
赞同	439	53.34
非常支持	310	37.67
合计	823	100

36. 您是否赞同"以政府为主导，社会组织为有益补充的多元化的扶贫模式"这个观点：

是否赞同"以政府为主导，社会组织为有益补充的多元化的扶贫模式"这个观点	人数（人）	所占百分比（%）
不赞同	49	5.95
无所谓	15	1.82
赞同	524	63.68
非常赞同	235	28.55
合计	823	100

37. 您认为社会组织参与教育扶贫的弊端有哪些（可多选）：

社会组织参与教育扶贫的弊端有哪些	人数（人）	所占百分比（%）
专业水平参差不齐	423	51.40
社会认知程度不高	254	30.86
角色定位不明确	123	14.95
工作模式杂乱	121	14.70
不与政府部门取得联系	73	8.87
其他	65	7.90
合计	1059	—

38. 您是否了解新疆学前双语教育支教政策（赴南疆幼儿园支教一年）：

是否了解新疆学前双语教育支教政策（赴南疆幼儿园支教一年）	人数（人）	所占百分比（%）
没听说过	26	3.16

续　表

是否了解新疆学前双语教育支教政策 （赴南疆幼儿园支教一年）	人数（人）	所占百分比（%）
听过但不了解	65	7.90
基本知道	341	41.43
非常了解	391	47.51
合计	823	100

39. 您对高校（大、中专院校）参与教育扶贫的态度是：

对高校（大、中专院校）参与教育扶贫的态度	人数（人）	所占百分比（%）
不支持	44	5.35
无所谓	8	0.97
支持	431	52.37
非常支持	340	41.31
合计	823	100

40. 您认为您所在本地区最需要哪些方面的扶贫（可多选）：

您所在本地区最需要哪些方面的扶贫	人数（人）	所占百分比（%）
教育扶贫	639	77.64
生态补偿	221	26.85
异地搬迁	131	15.92
社会保障	279	33.90
扶贫培训	267	32.44
产业发展	337	40.95
金融扶贫	240	29.16
农村基础设施建设	334	40.58
合计	2448	—

附录 C

新疆民族地区教育扶贫访谈的提纲

1. 谈谈您对教育扶贫的理解？

2. 您认为教育扶贫方式是否为当地所需？需要，为什么？不需要，哪种方式适合？

3. 通过教育扶贫是否能够让当地脱贫？能在多大程度上脱贫？教育扶贫如何与其他扶贫方式相互结合，互相作用？

4. 据您了解，教育是否可以成为主要的扶贫手段？是，为什么？不是，那当地主要的扶贫方式是什么？

5. 在您看来，教育扶贫过程中有没有遇到困难？有，那您认为可以采取哪些方法克服以上困难？

6. 据您所知，您所在地区教育扶贫方式包括哪些？是否有效？无效，为什么？有效，那现今取得哪些效果？这些教育扶贫方式中，您认为最有效的方式是什么（或者说您认为哪种方式是最适合本地区发展的）？

7. 您对教育扶贫脱贫有什么建议或意见（或者说如何改进当前的教育扶贫工作）？

8. 您是"访惠聚"驻村工作队队员吗？如果是，您觉得你所在的"访惠聚"驻村工作队是如何推进教育扶贫呢？还应该如何更好的推进？如果不是，您觉得"访惠聚"驻村工作队应该如何推进教育扶贫呢？

后 记

党的十八大以来，习近平总书记就扶贫问题发表了"全面建成小康社会，最艰巨的任务在贫困地区"，"要看真贫、扶真贫、真扶贫，少搞一些盆景，多搞一些惠及广大贫困人口的实事"，"阻止贫困现象代际传递"等重要论述。习近平总书记强调："治贫先治愚，要把下一代的教育工作做好，特别是要注重山区贫困地区下一代的成长。"众多国内外专家学者对教育扶贫做过深入研究，我们也对新疆教育扶贫思考许久。

最初的梦想，起源于教育部人文社会科学研究青年基金项目"新疆民族地区教育扶贫调查研究"。2017年初，笔者牵头，与一群有志于科研的年轻人组合成团队，各司其职，综合运用查阅资料、实地考察、问卷调查、面对面访谈、视频访谈等多种方式，获取一手资料，整理加工，按照各自负责子项目要求，发挥各自所在地资源优势、职业优势等，一遍遍打磨修改，采取实证分析和规范分析相结合、定性分析和定量分析相结合、宏观研究与微观研究相结合的研究方法，几经易稿，最终于2021年3月收到结项证书。

见到成绩的我们，备受鼓舞，顿生一个念头，何不继续努力，集结成书。一方面鞭策自己在科研之路上永不停歇，另一方面出书后可以和更多读者交流学习，提供一定的参考借鉴，并得到宝贵的意见建议。于是，伴随这新的梦想，我们整装又出发！

《新疆教育扶贫实践与路径探究（2015—2020）》一书，历经四年，终于在今天与大家见面了！如果这能称之为科研路上一个小小成果的话，我们为此付出了巨大的努力。几年来，我们经历了种种艰辛，最终完成此书的编写工作。

没有谁的成功不是努力奋斗的结果，也没有谁的成功只是个人的成绩。这其中，离不开新疆大学政治与公共管理学院学院郭沅鑫书记、韩隽院长、保健云副院长、胡菊副书记、秦海波副院长、赵璇副院长及新疆大学社会社会科学处、新疆大学国有资产管理处、新疆大学计财处等职能处室给予的大力支持。同时，也离不开课题组团队成员中共乌鲁木齐市委党校周桔老师、中共额敏县委党校王喜娥老师、新疆工程学院龚晓梅教师、乌鲁木齐职业大学谢军伟老师、中共喀什地委党校邹燕老师、中共乌什县委党校彭浩轩老师、中共呼图壁县委党校高世刚老师、兵团党委党校路童越老师、中共克拉玛依市委党校吉淑芳老师为本书做出的贡献。更离不开我的学生郭泽龙、刘亚昆、于璐媛、陈紫薇、海萨尔·吐尔德汗、吴苏红、米蕾·革命别克等在整理资料方面所做的贡献。

　　"金无足赤，人无完人。"本书也一定存在不足之处，但我们向科研迈上了一个新的台阶，还有更高更远的路在远方召唤——乡村教育振兴。"未知难解，已知难别。新知易结，旧知难见。相逢有期，伯乐难遇。知性有余，知音难觅。"感谢所有为此书的撰写付出辛勤汗水的同仁，也恳请各位读者提出宝贵意见，我们会再接再厉，不负青春，不负韶华，在科研这条道路上勇创佳绩。

　　山水有相逢，来日皆可期！

唐先滨

2022 年 3 月